高职高专会计专业

工学结合系列教材

审计业务全真实训

第三版

朱 明 主 编

王章友 吴 燕 副主编

清華大学出版社

北 京

内 容 简 介

本书是“十四五”职业教育国家规划教材，同时也是浙江省高等学校在线开放课程共享平台“审计实务”省级精品课程配套教材。本书以审计实际工作过程为导向，任务驱动，工学结合，以培养审计助理人员为教学目标，采用手工实训和电子实训及角色情景模拟实训相结合、单项实训与综合实训相结合、个人实训与小组实训相结合的多元化实训方式，以注册会计师财务报表审计工作底稿为载体，进行财务报表审计常见业务的单项和综合全真实训。全书包括审计初步业务活动、销售与收款循环审计、采购与付款循环审计、生产与仓储循环审计、筹资与投资循环审计、货币资金审计、撰写审计报告、综合实训八个项目。本书是高职高专会计专业工学结合系列教材《审计实务(第四版)》的配套实训教材。本书资产负债表和利润表格式按照财会〔2018〕15号要求编制，增值税税率原适用16%的已调整为13%。

本书不仅适合高职高专会计类专业学生作为实训教材使用，而且适合相关从业人员作为岗前培训和工作用书。

图书在版编目(CIP)数据

审计业务全真实训/朱明主编．—3版．—北京：清华大学出版社，2023.6
高职高专会计专业工学结合系列教材
ISBN 978-7-302-60227-9

Ⅰ．①审…　Ⅱ．①朱…　Ⅲ．①审计学－高等职业教育－教材　Ⅳ．①F239.0

中国版本图书馆CIP数据核字(2022)第030403号

责任编辑：左卫霞
封面设计：杨昆荣
责任校对：李　梅
责任印制：朱雨萌

出版发行：清华大学出版社
　　网　　址：http://www.tup.com.cn，http://www.wqbook.com
　　地　　址：北京清华大学学研大厦A座　　**邮　　编：**100084
　　社 总 机：010-83470000　　**邮　　购：**010-62786544
　　投稿与读者服务：010-62776969，c-service@tup.tsinghua.edu.cn
　　质量反馈：010-62772015，zhiliang@tup.tsinghua.edu.cn
　　课件下载：http://www.tup.com.cn，010-83470410
印 装 者：三河市天利华印刷装订有限公司
经　　销：全国新华书店
开　　本：185mm×260mm　　**印　　张：**10.5　　**字　　数：**240千字
版　　次：2013年6月第1版　　2023年8月第3版　　**印　　次：**2023年8月第1次印刷
定　　价：39.00元

产品编号：097069-01

丛书总序

2019年2月13日，国务院发布了《国家职业教育改革实施方案》(国发〔2019〕4号，简称职教20条)，提出："建立健全学校设置、师资队伍、教学教材、信息化建设、安全设施等办学标准，引领职业教育服务发展、促进就业创业。落实好立德树人根本任务，健全德技并修、工学结合的育人机制，完善评价机制，规范人才培养全过程。深化产教融合、校企合作，育训结合，健全多元化办学格局，推动企业深度参与协同育人，扶持鼓励企业和社会力量参与举办各类职业教育。推进资历框架建设，探索实现学历证书和职业技能等级证书互通衔接。"建设融"教、学、做"为一体、强化学生能力培养的优质教材显得更为重要。

2016年5月1日起，营业税改征增值税在全国范围内全面推开，营业税退出了历史舞台；2016年7月1日起，全面推行资源税改革；2019年1月1日起，施行修订后的《中华人民共和国个人所得税法实施条例》；2019年4月1日起，增值税税率原适用16%的调整为13%，原适用10%的调整为9%；2019年5月1日起，降低社会保险费率。会计法规在变，税法在变，教材也应及时更新、再版。

为满足教学改革和教学内容变化的需要，我们对2007年立项，梁伟样教授主持的清华大学出版社重点规划课题"高职院校会计专业工学结合模式的课程研究"成果，2009年以来出版的"高职高专会计专业工学结合系列教材"陆续进行了修订、再版，包括《出纳实务》《基础会计实务》《财务会计实务》《成本会计实务》《企业纳税实务》《会计电算化实务》《审计实务》《财务管理实务》《财务报表阅读与分析》，前7种教材单独配备了"全真实训"，以方便教师的教学与学生的实训练习。

本系列教材具有以下特色。

(1) 项目导向、任务驱动。以真实的工作目标作为项目，以完成项目的典型工作过程(环节、方法、步骤)作为任务，以任务引领知识、技能和态度，让学生在完成工作任务中学习知识，训练技能，获得实现目标所需要的职业能力。

(2) 内容适用、突出能力。根据高职毕业生就业岗位的实际情况，以会计岗位的各种业务为主线，以介绍工作流程中的各个程序和操作步骤为主要内容，围绕职业能力培养，注重内容的实用性和针对性，体现职业教育课程的本质特征。

(3) 案例引入、学做合一。每个项目以案例展开并贯穿于整个项目之中，打破长期以来理论与实践分离的情况，以任务为核心，配备相应的全真实训教材，便于在做中学、学中做，学做合一，实现理论与实践一体化教学。

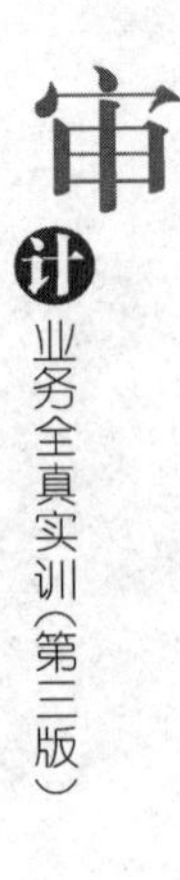

(4) 资源丰富、方便教学。在教材出版的同时为教师提供教学资源库,主要内容为:教学课件、习题答案、趣味阅读、课程标准、模拟试卷等,方便教师教学参考。

本系列教材无论是课程标准的开发、教学内容的筛选、教材结构的设计还是工作任务的选择,都倾注了职业教育专家、会计教育专家、企业会计实务专家和清华大学出版社各位编辑的心血,是高等职业教育教材为适应学科教育到职业教育、学科体系到能力体系两个转变进行的有益尝试。

本系列教材适用于高等职业院校、高等专科学校、成人高校及本科院校的二级职业技术学院、继续教育学院和民办高校的财会类专业,也可作为在职财会人员岗位培训、自学进修和岗位职称考试的教学用书。

本系列教材难免有不足之处,敬请各位专家、老师和广大读者不吝指正,希望本系列教材的出版能为我国高职会计教育事业的发展和人才培养做出贡献。

高职高专会计专业工学结合系列教材
编写委员会

第三版前言

高质量发展是全面建设社会主义现代化国家的首要任务。全面贯彻党的教育方针，落实立德树人是职业教育的根本任务。本书以二十大精神为指引，以社会主义核心价值观为指导，以为我国培养数字经济高质量发展所需高素质人才为宗旨，坚持立德树人，围绕审计行业人才需求，采用校企合作方式，结合数字化教学需要编写。

随着我国数字经济的迅猛发展，作为经济秩序的"卫士"——审计，越来越重要。"审计全覆盖"的深入推进，对审计人员也提出了更新、更高的要求。本书在"责任、忠诚、清廉、依法、独立、奉献"等审计人员核心价值观的指导下，以新的审计准则及指南为依据，结合当前审计实际工作过程进行项目和学习任务的设计，以培养审计助理人员为目标，以培养学生的社会主义核心价值观、职业道德和岗位实践能力为核心，以注册会计师实际工作使用的审计工作底稿为载体，用审计全真实训代替练习题式的审计练习，夯实学生的审计业务基础，突出职业能力和素质训练，全面提升学生的就业能力和素质。

本书具有以下特色。

(1) 思政引领，知行合一。以社会主义核心价值观为引领，以注册会计师职业道德守则为指导，在理论学习的基础上，通过手工实训、电子实训与角色情景模拟实训，巩固学生的职业道德意识，并形成规范的工作行为习惯，做到知行合一。

(2) 项目导向，任务驱动。以真实的工作目标为项目，以完成项目的工作过程(环节、方法和步骤)为任务，以任务引领知识、技能和态度，让学生在完成工作任务中学习知识、训练技能、提高素质，获得实现目标所需的职业能力。

(3) 内容适用，突出能力。根据高职人才培养目标，结合学生毕业就业岗位的实际情况，以审计助理人员岗位的各种审计业务为主线，以介绍各业务流程、工作方法、步骤为主要内容，围绕职业能力和素质培养，注重内容的适用性和针对性，体现职业教育的本质特征。

(4) 多元实训，学做合一。采用手工实训、电子实训与角色情景模拟实训相结合、小组实训与个人实训相结合、单项实训与综合实训相结合的多元化实训方式，"以学生为中心"，教师引导学生边学边做，学做合一，巩固理论知识，掌握实践技能，培养学生理实结合能力和就业能力。

(5) 业务全真，临岗操作。以某上市公司业务为例，根据课程教学目标和审计助理人员岗位所需设置实训项目和任务，以注册会计师财务报表审计工作底稿为载体，进行真实业务操作训练，使学生在校期间就掌握实际的工作流程与操作，随时可参与企业财务报表审计，协助注册会计师完成审计工作。

本书为浙江省高等学校省级精品在线开放课程配套教材，扫描本页下方二维码即可在线学习该课程。内含微课、动画、图片、视频、测试等丰富的数字教学资源，授课教师可以此为基础开展个性化线上教学。

本书由朱明（会计师/副教授，浙江经贸职业技术学院）担任主编，王章友（注册会计师/讲师，浙江经贸职业技术学院）、吴燕（高级审计师/讲师，浙江经贸职业技术学院）担任副主编。各项目编写分工如下：项目 1、2、7 由朱明编写，项目 3、4 由王章友编写，项目 5、6 由解媚霞（注册会计师/副教授，浙江经贸职业技术学院）编写，项目 8 由吴燕编写。浙江新中天会计师事务所董事长缪兰娟审阅了本书的写作大纲，并提出了宝贵意见，在此谨表谢意！本书由浙江经贸职业技术学院俞校明教授主审。全书由朱明负责修改、总纂并定稿。

由于编者水平有限，书中难免存在不足之处，恳请读者批评指正。

编　者

2023 年 1 月

审计实务
在线开放课程

第一版前言

随着我国市场经济的发展，社会监督体系的不断完善，社会对注册会计师的审计监督提出了更高的要求，对审计人才的需求也不断加大。

近年来，越来越多的高等职业学校会计类专业毕业生加入到注册会计师行列中，在促进我国经济监督体系的完善中起着重要的作用。如何使学生把抽象的审计理论与复杂的审计实务操作紧密结合起来，使学生通过短暂的校园学习和训练，具备审计岗位工作必备的素质和能力，以满足社会对审计人才的需求？本书以财政部最新颁布的《注册会计师执业准则和指南》为依据，结合高等职业教育人才培养目标，根据审计实际工作过程设计实训项目和任务，以培养初步具有审计助理人员素质和能力的高技能技术型人才为核心，以学生为中心，采用情景角色模拟实训与手工实训相结合的多元化实训方式，以审计业务全真实训代替练习题式的审计练习，夯实学生基本素质和能力，突出专业拓展素质和能力培养，全面培养学生的就业素质和能力。

本书由朱明（副教授/会计师）（浙江经贸职业技术学院）担任主编，吴燕（高级审计师/讲师）（浙江经贸职业技术学院）担任副主编。各项目编写分工如下：项目一、二、七由朱明编写；项目三由赵同剪（副教授/注册会计师）编写，项目四由王章友（讲师/注册会计师）编写，项目五由赵筠（正教授）编写，项目六由解媚霞（讲师/注册会计师）编写，项目八由吴燕编写。浙江新中天会计师事务所缪兰娟董事长审阅了本书的写作大纲并提出了宝贵意见，在此谨表谢意。全书最后由朱明负责修改、总纂并定稿。

由于编者水平有限，本书难免存在不足之处，恳请读者批评指正。

编　者

2012 年 11 月

目录

审计初步业务活动

实训1.1 接受审计委托

接受审计委托是注册会计师审计初步业务活动阶段的重要工作，是防范审计风险的起点。正确的客户选择或保持，有助于会计师事务所将审计风险控制在风险形成之前。客户的可审性、会计师事务所的胜任能力等是决定会计师事务所是否接受被审计单位的审计委托必须严加考虑的事项。

带着问题做实训：

（1）在接受审计委托时，审计人员应当以哪些社会主义核心价值观做引领？应坚持哪些审计职业道德？

（2）客户的可审性表现在哪些方面？

（3）注册会计师的胜任能力包括哪些方面？

（4）中国注册会计师审计准则中对注册会计师接受审计委托方面有哪些规定？

（5）审计业务约定书具有合同性质，与供销或服务合同有哪些异同？

一、实训目的

通过本实训使学生以社会主义核心价值观为引领，以职业道德为指导，能够：

（1）熟悉注册会计师审计业务承接流程；

（2）掌握注册会计师审计业务承接过程中应把握的执业原则；

（3）正确判断客户的可审性和承接业务的可行性，正确选择客户；

（4）正确填写客户业务承接/评价表，草拟审计业务约定书；

（5）正确表述业务商谈内容和想法；

（6）恰当地进行人际交流，注意语言表达和行为举止。

二、实训任务与步骤

(1) 熟悉客户和会计师事务所基本信息资料;

(2) 学生分组并进行会计师事务所和客户配对(会计师事务所和客户角色的配对可由教师指定,也可由学生自由选择确定),分别模拟会计师事务所和客户角色,进行审计业务委托、审计业务承接的训练;

(3) 每对小组根据所选择的会计师事务所和客户角色,共同编写审计业务委托、接受审计业务委托工作过程的剧本,并在教师指导下进行修改、预演、完善;

(4) 进行正式的情景角色模拟表演;

(5) 学生和教师对各组表演进行打分;

(6) 教师讲评;

(7) 学生撰写实训报告。

三、实训学时

2 学时。

四、实训资料

1. 会计师事务所基本资料

(1) 浙江德诚会计师事务所有限责任公司

全国百强会计师事务所之一,是一家具有一定规模的集团化公司;拥有注册会计师 600 名,其中 200 名同时具有税务师、注册资产评估师、证券从业资格。事务所主要业务部门设有企业审计业务部 4 个,税务业务部 2 个,咨询业务部 2 个。事务所企业审计一部经理王幼斌与浙江伟云股份有限公司(以下简称"伟云公司")总经理为五代以外表兄弟关系。事务所企业审计二部注册会计师王华 3 年前曾经以私人名义为伟云公司进行会计内部控制制度设计咨询和指导。

(2) 浙江威达会计师事务所

全省百强会计师事务所之一,是一家规模较大的会计师事务所;拥有注册会计师 300 名,其中同时具有税务师职业资格的有 100 名、注册资产评估师资格的有 50 名,证券从业资格的有 30 名。事务所主要业务部门设有企业审计业务部 3 个,税务业务部 2 个,咨询业务部 1 个。事务所企业审计一部注册会计师胡兵曾经为伟云公司财务经理,已离职 25 个月。事务所企业审计二部注册会计师韩飞拥有伟云公司股票份额为 0.002%。

2. 客户基本资料

伟云公司一直请浙江嘉信会计师事务所(经办人苗楚英,13857889976)对其财务报表进行审计,该事务所 2022 年 1 月 1 日起,由于人员变动不能再为伟云公司服务,伟云公司欲重新选择会计师事务所为其2021年度财务报表进行审计，并希望在2022年4月10日前出具财务报表审计报告。

经伟云公司客户和浙江威达会计师事务所业务员介绍，得知有浙江德诚会计师事务所和浙江威达会计师事务所可以为公司提供审计服务。公司欲在两个事务所中选择一家进行2021年度财务报表审计。

浙江德诚会计师事务所接到伟云公司的业务请求后，于2021年11月20日安排审计一部李烨和张军2名注册会计师（李烨为项目经理，审计一部经理为王幼斌），对伟云公司的基本情况进行了调查了解。浙江德诚会计师事务所地址：浙江省杭州市下沙区学林街280号；开户银行：中国银行杭州下沙支行；银行账号：4560141000868；联系电话：0571-87929917；传真：0571-87929709。

浙江威达会计师事务所接到伟云公司的业务请求后，于2021年11月26日安排审计二部马正士和余新2名注册会计师（马正士为项目经理，审计二部经理为李魁），对伟云公司的基本情况进行了调查了解。浙江威达会计师事务所地址：浙江省杭州市上城区马腾路1236号；开户银行：中国工商银行杭州上城支行；银行账号：346114570932；联系电话：0571-88693952；传真：0571-88694422。

截至2021年11月23日，伟云公司的资料如下。

(1) 公司基本情况简介

公司名称：浙江伟云股份有限公司

英文名称：ZHEJIANG WEIYUN COMPANY LIMITED

法定代表人：张越龙

注册资本：290 000 000元

实收资本：290 129 478元

注册地址：浙江省杭州市下沙工业园区230号

办公地址：浙江省杭州市下沙工业园区230号

邮政编码：310018

电　　话：0571-83064088

传　　真：0571-83068590

公司国际互联网网址：http://www.zjwygf.cn

公司电子信箱：weiyun@zjgf.cn

公司首次注册登记日期：1996年6月26日

公司法人营业执照统一社会信用代码：53000000002692DX26，见图1-1。

公司经营范围：化工及化纤材料、水泥、氧气产品生产和销售；机械、机电、五金和金属材料的批发、零售、代购代销；汽车客货运输、汽车维修经营；经营企业自产产品及技术的进出口业务；进口本企业所需的原辅材料、仪器仪表、机械设备及技术，纯碱、氯化铵（涉及行业审批的凭许可证经营）。业务遍布国内各个省份及美国、日本、法国、德国、英国等国家。

公司是于1996年6月26日由伟云集团独家发起设立的股份有限公司，成立时公司总股本11 000万股，控股股东伟云集团持股65.91%，公司股票于1996年7月2日在上海证券交易所上市。2010年公司实施了送红股、资本公积金转增股本的利润分配后，总股本增至16 500万股，在2011年2月公司完成股权分置改革工作并于2016年8月完成非公开发行后，公司总股本增至 29 012.9478 万股，国有法人股权由实际控制人焦化集团和控股股东伟云集团分别持有，持股比例合计 68.71%。

公司名列“中国最大化纤企业 100 强”，是浙江省重要的化工生产基地，具有年产电石 8.5 万吨、商品醋酸乙烯 3.5 万吨、聚乙烯醇 2.8 万吨、水泥 40 万吨、纯碱和氯化铵各 20 万吨的生产能力，产品广泛应用于化工、纺织、建材、造纸、玻璃、涂料、农业、化肥等行业。主产品聚乙烯醇、醋酸乙烯、氯化铵和纯碱荣获“浙江名牌产品”称号。

证照编号：110245679196

营业执照

(副 本)

3-1

统一社会信用代码 53000000002692DX26

名　　称　浙江伟云股份有限公司

类　　型　股份有限公司

住　　所　浙江省杭州市下沙工业园区 230 号

法定代表人　张越龙

注册资金　290 000 000 元

成立日期　1996 年 06 月 26 日

经营期限　1996 年 6 月 26 日至长期

经营范围　化工及化纤材料、水泥、氧气产品生产与销售；机械、机电、五金和金属材料的批发、零售、代购代销；汽车客货运输、汽车维修经营；经营企业自产产品及技术的进出口业务；进口本企业所需的原辅材料、仪器仪表、机械设备及技术、纯碱、氯化铵（法律、行政法规和国务院决定规定禁止的项目除外，法律、行政法规和国务院决定规定须经许可经营的项目，取得许可后方可经营）。（依法必须经批准的项目，经相关部门批准后方可开展经营活动）

提示：请于每年 1 月 1 日至 6 月 30 日通过“浙江省企业信用信息公示系统”报送年报，即时信息按规定公示。

登记机关　浙江省市场监督管理局

2015 年 11 月 28 日

企业信用信息公示系统网址：zjgsxt.lnaic.gov.cn

中华人民共和国国家市场监督管理总局监制

图 1-1　浙江伟云股份有限公司营业执照

2021年8月，公司完成非公开定向增发工作，向实际控制人焦化集团、控股股东伟云集团合计发行110 279 478股人民币普通股(A股)，焦化集团、伟云集团以资产(即焦化集团、伟云集团合计持有的浙江大化制焦有限公司90.91%股权，伟云集团持有的浙江大化焦化有限公司54.8%股权)进行认购。浙江大化制焦有限公司、杭州大化焦化制供气有限公司成为本公司控股子公司。公司在原有煤电石化工行业、部分煤气化行业的基础上，进入煤焦化行业，在产业布局上涵盖煤化工行业下的三个子行业，即煤电石化工、煤气化工和煤焦化工，成为产业链最完整的煤化工上市公司。

(2) 公司控制关系，实际控制人、控股股东情况介绍

公司实际控制人浙江焦化集团有限公司(地址：浙江省杭州市萧山临江工业园区116号，主营：焦化产品及其附产品生产销售)持有公司控股股东浙江伟云集团有限公司65.01%的股权。实际控制人持有本公司股份56 282 750股，占公司总股本19.40%。截至2021年12月31日，焦化集团总资产为211.34亿元、净资产为63.61亿元(归属于母公司的为41.46亿元)。

公司控股股东浙江伟云集团有限公司持有公司股份143 059 228股，占公司总股本49.30%。截至2021年12月31日，浙江伟云集团总资产为101.66亿元、净资产为25.21亿元(归属于母公司的为10.63亿元)。

(3) 公司主要子公司情况介绍

公司主要子公司如表1-1所示。

表1-1 公司主要子公司情况

单位名称	出资金额/万元	持股比例/%
浙江大化制焦有限公司	75 417.68	90.91
杭州大化焦化制供气有限公司	13 912.68	54.80
浙江伟云乙炔化工有限公司	21 320.00	82.00
浙江伟云化工精制有限公司	6 000.00	100.00

① 浙江大化制焦有限公司主营全焦、甲醇、焦油等化工产品。建成投产后生产能力为年产焦炭200万吨，甲醇20万吨，煤焦油30万吨。地址：浙江省绍兴市工业园区136号。

伟云公司直接持有大化制焦90.91%的股份，通过大化焦化间接持有大化制焦5.45%的股份，合计持股比例为96.36%，处于控股地位。

② 杭州大化焦化制供气有限公司主营焦炭、甲醇及其他煤化工产品。生产能力为年产焦炭105万吨，甲醇10万吨。伟云公司持有其54.80%的股份，处于控股地位。地址：浙江省杭州市工业园区268号。

③ 浙江伟云乙炔化工有限公司，2021年10月31日完成工商登记，该公司目前处于建设筹备阶段。地址：浙江省温州市高新技术开发区489号。

④ 浙江伟云化工精制有限公司，2021年2月2日完成工商登记，该公司目前处于建设筹备阶段。地址：浙江省金华市经济开发区366号。

(4) 主要会计政策

① 公司会计核算执行的是新企业会计准则、企业会计制度;记账本位币为人民币;外汇收入按当月1日的汇率计算。

② 交易性金融资产期末按成本市价孰低计价,无其他短期投资。

③ 坏账计提率为0.3%;存货一律采用实际成本法进行核算,发出计价采用加权平均法;产品成本采用分步法;在产品按约当产量法计算期末成本;在产品期末成本包括料工费;周转材料采用五五摊销法;期末按单项存货成本高于可变现净值的差额计提存货跌价准备。

④ 长期投资按会计准则规定进行核算,期末不计提减值准备。

⑤ 固定资产采用直线折旧法计提折旧,残值率为5%;固定资产折旧年限分别为:房屋建筑物30年,机器设备15年,运输工具8年,电子设备(5年)。

⑥ 固定资产建设贷款利息均按规定进行了资本化和非资本化会计核算;固定资产、在建工程、无形资产不计提减值准备;无形资产只有一项专利权按10年平均摊销;无长期待摊费用。

⑦ 收入、成本、费用严格按照会计准则和会计制度要求进行会计核算。

⑧ 各种税率:所得税25%、增值税13%、城建税5%、教育费附加3%、地方教育附加费1%。

⑨ 盈余公积计提比例为10%、公益金5%。

(5) 治理层及管理层关键人员(姓名与职位)

董事长:张越龙

总经理:黎明

副总经理:马云匀　魏闲

(6) 主要财务人员(姓名与职位)

总会计师:纪晓兰

财务经理:何深坤

会计主管:上官婉云(业务联系人)

(7) 律师及联系方法

伟云公司长期聘用正则律师事务所律师陈刚担任其法律顾问。

陈刚律师联系电话:13305718856

(8) 信用情况

通过浙江省信用管理中心了解到该公司信用等级为AAA。通过前任会计师事务所了解到该公司财务报表一直无重大差错和舞弊。

(9) 其他情况

通过伟云公司三年财务报表和现有经济、社会环境因素分析,伟云公司在未来三年内暂无经营风险。该公司未发行任何债券,也无其他融资行为。该公司财务报表按照企业会计准则和《企业会计制度》的规定编制。(三年财务报表略)

按浙江省物价局〔1998〕浙价费第503号《会计、审计、税务、资产评估中介服务收费管理办法》的规定标准计算,伟云公司此次审计费用应为25 000元。伟云公司承诺在审计约定书签署之日起30日内预付10%的订金,剩余款项于审计报告送达之日起7日内结清。如有任何纠纷选择杭州仲裁委仲裁。

伟云公司对外业务联络员为公司经理办公室职员范冰彬,联系电话:0571-83064086,

手机号码为 13505713456。

五、实训方式

本实训方式采取分小组、角色情景模拟实训的方式。

六、实训工具

（1）会计师事务所、客户单位标示牌，相关岗位标示牌，介绍信。

（2）审计业务登记表、审计资料清单；公司营业执照、税务登记证、公司章程。

（3）初步业务活动程序表、客户业务承接评价表、主要会计政策调查表。

（4）审计业务约定书、执业声明书。

所用审计工作底稿如表 1-2～表 1-7 所示。

表 1-2 ________会计师事务所有限责任公司

鉴 证 业 务 登 记 表

客户名称： 填表日期： 年 月 日 编号：

<table>
<tr><td rowspan="2">名称</td><td>中文</td><td colspan="4"></td></tr>
<tr><td>英文</td><td colspan="4"></td></tr>
<tr><td rowspan="3">地址</td><td>住所(注册地址)</td><td colspan="2"></td><td>邮编</td><td></td></tr>
<tr><td>实际办公地址</td><td colspan="2"></td><td>邮编</td><td></td></tr>
<tr><td>其他重要地址</td><td colspan="2"></td><td>邮编</td><td></td></tr>
<tr><td colspan="4">电话：</td><td colspan="2">传真：</td></tr>
<tr><td colspan="6">联络人： 办公室电话： 手机：</td></tr>
<tr><td colspan="4">网址：</td><td colspan="2">电子邮箱：</td></tr>
<tr><td colspan="2">成立日期</td><td colspan="2"></td><td>注册日期</td><td></td></tr>
<tr><td colspan="2">法人代表</td><td colspan="2"></td><td>注册资本</td><td></td></tr>
<tr><td colspan="2">登记机关</td><td colspan="2"></td><td>注册号</td><td></td></tr>
<tr><td colspan="2">企业类型</td><td colspan="4"></td></tr>
<tr><td colspan="2" rowspan="2">企业规模</td><td colspan="4">□特大型 □大型 □中型 □小型 □微型 □其他</td></tr>
<tr><td>净资产：</td><td colspan="2">年营业收入：</td><td>雇员人数：</td></tr>
<tr><td colspan="2">所属行业或经营特点</td><td colspan="4"></td></tr>
<tr><td colspan="2">上级主管单位</td><td colspan="4"></td></tr>
<tr><td colspan="2" rowspan="3">管理客户信息</td><td colspan="3">是否取得该客户《企业法人营业执照》副本复印件：
□ 是 □ 否</td><td>营业执照是否年检
□ 是 □ 否</td></tr>
<tr><td colspan="3">客户类型：□ 新 □ 老</td><td>客户编号：</td></tr>
<tr><td colspan="3">业务类别：□ 报表审计 □ 验资 □ 其他________</td><td>责任业务员：</td></tr>
<tr><td colspan="2">业务审批</td><td colspan="4"></td></tr>
<tr><td colspan="2">备注</td><td colspan="4"></td></tr>
</table>

制表人：

表 1-3　被审计公司所需准备资料清单

项　　目	适用与否
1. 政府批准设立的合同、协议、章程和批准文件、批准证书副本(或复印件),公司基本情况、业务情况简介及各分支机构基本情况;历史发展资料;验资报告	
2. 工商行政管理局核发的营业执照副本(复印件);外商投资企业财政登记证副本(复印件),外汇管理局登记证副本(复印件)	
3. 管理当局(董事会)会议纪要或决议(列目录清单)及决定经营管理和财务会计问题的资料	
4. 公司组织机构图、董事会、管理层、财务人员清单	
5. 税务局核发的纳税鉴定或通知书,以及批复的免税文件和其他有关资料(复印件)	
6. 有关土地、建筑物、厂房和设备等资产文件的复印件	
7. 已有的重要内部管理制度、办法,包括生产经营、劳动管理、工资奖励、劳保福利及财产物资管理制度等	
8. 企业会计制度或财务制度及会计核算办法	
9. 本年会计报表包括会计主表、会计报表附表、会计报表附注	
10. 年末存货和固定资产盘存明细表、汇总及盘盈、盘亏、毁损明细表	
11. 银行存款对账单及存款余额调节表	
12. 各科目余额明细表	
13. 企业对外投资清单;新增对外投资项目的投资合同、协议资料等	
14. 关联方资料	
15. 一般纳税人的年终增值税申报表;所得税申报表	
16. 工效挂钩的计提应付工资清算表	
17. 公司主要供应商客户名单以及所签字的重要合同	
18. 重要的经济合同(含租赁、贷款、保证、保险、抵押、许可权、委托管理、长期投资、人事招聘、长期购销、专有技术等)复印件	
19. 资产减值的计提方法和比例及相关资料	
20. 公司内部审计制度及最近的审计报告和近几年有关部门财税检查报告	
21. 报表截止日至审计日期间公司重大事项	
22. 公司重大财务承诺书	

表 1-4　初步业务活动程序表

被审计单位：__________　　索引号：　A　
项目：　初步业务活动　　财务报表截止日/期间：__________
编制：__________　　复核：__________
日期：__________　　日期：__________

初步业务活动目标：

确定是否接受业务委托；如接受业务委托，确保在计划审计工作时达到下列要求：①注册会计师已具备执行业务所需要的独立性和专业胜任能力；②不存在因管理层诚信问题而影响注册会计师承接或保持该项业务意愿的情况；③与被审计单位不存在对业务约定条款的误解。

初步业务活动程序	索引号	执行人
1. 如果首次接受审计委托，实施下列程序。 （1）与被审计单位面谈，讨论下列事项。 ① 审计的目标； ② 审计报告的用途； ③ 管理层对财务报表的责任； ④ 审计范围； ⑤ 执行审计工作的安排，包括出具审计报告的时间要求； ⑥ 审计报告格式和对审计结果的其他沟通形式； ⑦ 管理层提供必要的工作条件和协助； ⑧ 注册会计师不受限制地接触任何与审计有关的记录、文件和所需要的其他信息； ⑨ 利用被审计单位专家或内部审计人员的程度（必要时）； ⑩ 审计收费。 （2）初步了解被审计单位及其环境，并予以记录。 （3）征得被审计单位书面同意后，与前任注册会计师沟通	DH	
2. 如果是连续审计，实施下列程序。 （1）了解审计的目标，审计报告的用途，审计范围和时间安排等； （2）查阅以前年度审计工作底稿，重点关注非标准审计报告涉及的说明事项，管理建议书的具体内容，重大事项概要等； （3）初步了解被审计单位及其环境发生的重大变化，并予以记录； （4）考虑是否需要修改业务约定条款，以及是否需要提醒被审计单位注意现有的业务约定条款	略	
3. 评价是否具备执行该项审计业务所需要的独立性和专业胜任能力		
4. 完成业务承接评价表或业务保持评价表	AA/AB	
5. 签订审计业务约定书（适用于首次接受业务委托，以及连续审计中修改长期审计业务约定书条款的情况）	AC	

表 1-5　业务承接评价表

被审计单位：__________　　索引号：　AA　
项目：__________　　财务报表截止日/期间：__________
编制：__________　　复核：__________
日期：__________　　日期：__________

1. 客户法定名称（中/英文）：__________
2. 客户地址：__________
　电　话：__________传真：__________
　电子信箱：__________网址：__________
　联系人：__________

续表

3. 客户性质(国有/外商投资/民营/其他):

4. 客户所属行业、业务性质与主要业务:

5. 最初接触途径(详细说明)

(1) 本所职工引荐

(2) 外部人员引荐

(3) 其他(详细说明)

6. 客户要求我们提供审计服务的目的以及出具审计报告的日期

7. 治理层及管理层关键人员(姓名与职位)

姓 名	职 位

8. 主要财务人员(姓名与职位)

姓 名	职 位

9. 直接控股母公司、间接控股母公司、最终控股母公司的名称、地址、相互关系、主营业务及持股比例:

10. 子公司的名称、地址、相互关系、主营业务及持股比例:

11. 合营企业的名称、地址、相互关系、主营业务及持股比例:

12. 联营企业的名称、地址、相互关系、主营业务及持股比例:

13. 分公司名称、地址、相互关系、主营业务:

14. 客户主管税务机关:

15. 客户法律顾问或委托律师(机构、经办人、联系方式):

16. 客户常年会计顾问(机构、经办人、联系方式):

17. 前任注册会计师(机构、经办人、联系方式),变更会计师事务所的原因,以及最近三年变更会计师事务所的频率:

续表

18. 根据对客户及其环境的了解,记录下列事项

(1) 客户的诚信

信息来源:

- 与为客户提供专业会计服务的现任或前任人员进行沟通,并与其讨论
- 向会计师事务所其他人员、监管机构、金融机构、法律顾问和客户的同行等第三方询问
- 从相关数据库中搜索客户的背景信息

考虑因素:

- 客户主要股东、关键管理人员、关联方及治理层的身份和商业信誉
- 客户的经营性质
- 客户主要股东、关键管理人员及治理层对内部控制环境和会计准则等的态度
- 客户是否过分考虑将会计师事务所的收费维持在尽可能低的水平
- 工作范围受到不适当限制的迹象
- 客户可能涉嫌洗钱或其他刑事犯罪行为的迹象
- 变更会计师事务所的原因
- 关键管理人员是否更换频繁

……

(2) 经营风险

信息来源:

从相关数据库中搜索客户的背景信息

考虑因素:

- 行业内类似企业的经营业绩
- 法律环境
- 监管环境
- 受国家宏观调控政策的影响程度
- 是否涉及重大法律诉讼或调查
- 是否计划或有可能进行合并或处置资产
- 客户是否依赖主要客户(来自该客户的收入占全部收入的大部分)或主要供应商(来自该供应商的采购占全部采购的大部分)
- 管理层是否倾向于异常或不必要的风险
- 关键管理人员的薪酬是否基于客户的经营状况确定
- 管理层是否在达到财务目标或降低所得税方面承受不恰当的压力

……

(3) 财务状况

信息来源:

近三年财务报表

考虑因素:

- 现金流量或营运资金是否能够满足经营、债务偿付以及分发股利的需要
- 是否存在对发行新债务和权益的重大需求
- 贷款是否延期未清偿,或存在违反贷款协议条款的情况
- 最近几年销售、毛利率或收入是否存在恶化的趋势
- 是否涉及重大关联方交易
- 是否存在复杂的会计处理问题

续表

● 客户融资后，其财务比率是否恰好达到发行新债务或权益的最低要求 ● 是否使用衍生金融工具 ● 是否经常在年末或临近年末时发生重大异常交易 ● 是否对持续经营能力产生怀疑 …… 客户的风险级别（高/中/低）：____________
19. 根据本所目前的情况，考虑下列事项 （1）项目组的时间和资源 考虑因素： ● 根据本所目前的人力资源情况，是否拥有足够的具有必要素质和专业胜任能力的人员组建项目组 ● 是否能够在提交报告的最后期限内完成业务 （2）项目组的专业胜任能力 考虑因素： ● 初步确定的项目组关键人员是否熟悉相关行业或业务对象 ● 初步确定的项目组关键人员是否具有执行类似业务的经验，或是否具备有效获取必要技能和知识的能力 ● 在需要时，是否能够得到专家的帮助 ● 如果需要项目质量控制复核，是否具备符合标准和资格要求的项目质量控制复核人员 （3）独立性 （4）经济利益 本所或项目组成员是否存在经济利益对独立性的损害： ● 与客户存在专业服务收费以外的直接经济利益或重大的间接经济利益 ● 过分依赖向客户收取的全部费用 ● 与客户存在密切的经营关系 ● 过分担心可能失去业务 ● 可能与客户发生雇佣关系 ● 存在与该项审计业务有关的或有收费 （5）自我评价 本所或项目组成员是否存在自我评价对独立性的损害： ● 项目组成员曾是客户的董事、经理、其他关键管理人员或能够对本业务产生直接重大影响的员工 ● 为客户提供直接影响财务报表的其他服务 ● 为客户编制用于生成财务报表的原始资料或其他记录 （6）关联关系 本所或项目组成员是否存在关联关系对独立性的损害： ● 与项目组成员关系密切的家庭成员是客户的董事、经理、其他关键管理人员或能够对本业务产生直接重大影响的员工 ● 客户的董事、经理、其他关键管理人员或能够对本业务产生直接重大影响的员工是本所的前高级管理人员 ● 本所的高级管理人员或签字注册会计师与客户长期交往 ● 接受客户或其董事、经理、其他关键管理人员或能够对本业务产生直接重大影响的员工的贵重礼品或超出社会礼仪的款待

续表

<table>
<tr><td colspan="2">(7) 外界压力
本所或项目组成员是否存在外界压力对独立性的损害：
● 在重大会计、审计等问题上与客户存在意见分歧而受到解聘威胁
● 受到有关单位或个人不恰当的干预
● 受到客户降低收费的压力而不恰当地缩小工作范围
(8) 预计收取的费用及可回收比率
预计审计收费：
预计成本(计算过程)：

可回收比率：</td></tr>
<tr><td colspan="2">20. 其他方面的意见：</td></tr>
<tr><td>项目负责合伙人：
基于上述方面，我们____(接受或不接受)此项业务。
签名____________________
日期____________________</td><td>风险管理负责人(必要时)：
基于上述方面，我们____(接受或不接受)此项业务。
签名____________________
日期____________________</td></tr>
<tr><td colspan="2">最终结论：
签名：　　　　　　日期：</td></tr>
</table>

表 1-6　主要会计政策调查表

项　　目	内　　容	是否适用	当期变动情况说明
1. 执行的会计制度	新企业会计准则______企业会计制度______ 小企业会计制度______其他______		
2. 记账本位币	人民币______美元______日元______港币______ 其他______		
3. 外币业务记账汇率	按交易发生日的即期汇率______按当月1日的汇率______		
4. 短期投资(交易性金融资产)核算方法	期末按实际成本计价______期末按成本与市价孰低法计价______期末按公允价值计量______		
5. 短期投资跌价准备计提方法	按投资总体计提______按投资类别计提______按单项投资计提______		
6. 坏账核算方法	直接转销法______备抵法______		

续表

项 目	内 容	是否适用	当期变动情况说明
7. 坏账准备提取方法及提取比例	(1) 按余额百分比法提取,比例为____ (2) 按账龄分析法提取,比例为:1年以内____ 1~2年____ 2~3年____ 3~5年____ 5年以上____		
8. 存货计价方法	(1) 对于原材料按实际成本计价发出存货时,按:先进先出法____ 加权平均法____ 个别计价法____ (2) 对于____________按计划成本(标准成本)计价 (3) 期末存货按实际成本计价____		
9. 产品成本计算方法	品种法____ 分类法____ 定额比例法____ 分批法____ 分步法____ 其他____		
10. 在产品计价方法	期末在产品成本:不保留____ 保留材料成本____ 料工费均保留____ 数量确定:约当产量____ 固定数量____ 盘存数量____ 成本确定:实际成本____ 定额成本____		
11. 周转材料(包装物、低值易耗品等)	摊销方法:一次摊销法____ 五五摊销法____		
12. 存货跌价准备	期末按单项存货成本高于可变现净值的差额计提存货跌价准备		
13. 长期股权投资核算方法	(1) 对被投资单位实施控制的,采用成本法核算____ 采用权益法核算____ (2) 对被投资单位无共同控制或无重大影响的,采用成本法核算 (3) 对被投资单位具有共同控制或重大影响的,采用权益法核算		
14. 长期股权投资差额及其摊销	不计算及摊销股权投资差额____ 计算并按年平均摊销股权投资差额____		
15. 长期投资减值准备	(1) 不计提减值准备 (2) 按单项投资预计可收回金额低于其账面价值的差额计提减值准备		
16. 固定资产折旧方法	平均年限法____ 工作量法____ 双倍余额递减法____ 年数总和法____		
17. 固定资产净残值率	固定资产原价的5%____ 3%____ 10%____		
18. 固定资产折旧年限	房屋建筑物____年,机器设备____年,运输工具____年,电子设备____年		
19. 固定资产减值准备	(1) 不计提减值准备 (2) 按单项固定资产预计可收回金额低于其账面价值的差额计提减值准备		
20. 在建工程减值准备	(1) 不计提减值准备 (2) 按单项工程预计可收回金额低于其账面价值的差额计提减值准备		

续表

项　　目	内　　容	是否适用	当期变动情况说明
21. 借款费用资本化	为构建固定资产而借入专门借款所发生的借款费用，满足相应资本化条件的，在所构建固定资产达到预定可使用状态前发生的，予以资本化		
22. 无形资产内容及摊销方法	(1) ________按___年平均摊销 (2) ________按___年平均摊销 (3) ________按___年平均摊销 (4) ________按___年平均摊销		
23. 无形资产减值准备	(1) 不计提减值准备 (2) 对单项无形资产预计可收回金额低于其账面价值的差额计提减值准备		
24. 长期待摊费用内容及摊销方法	(1) ________按___年平均摊销 (2) ________按___年平均摊销 (3) ________按___年平均摊销 (4) ________按___年平均摊销		
25. 销售商品收入确认	(1) 一般于产品已经发出，劳务已经提供，同时收讫价款或者取得收取价款的凭据时，确认销售收入的实现 (2) 已将商品所有权上的主要风险和报酬转移给购货方；既没有保留通常与所有权联系的继续管理权，也没有对已出售的商品实施控制；与交易相关的经济利益能够流入企业；相关的收入和成本能够可靠地计量		
26. 提供劳务收入确认	(1) 在同一会计年度内开始并完成的劳务，在完成劳务时确认 (2) 如果劳务的开始和完成分属不同的会计年度，当交易的结果能够可靠估计时，在资产负债表日按完工百分比法确认相关劳务收入 (3) 在提供劳务交易结果不能可靠估计的情况下，按照对已发生劳务成本的预计补偿程序进行相应会计处理		
27. 让渡资产使用权收入确认	(1) 与交易相关的经济利益很可能流入企业 (2) 收入金额能够可靠计量		
28. 所得税核算方法	应付税款法___ 债务法___		
29. 税(费)率	所得税___%增值税___%消费税___%城建税___%教育费附加___%地方教育附加费___%其他		
30. 利润分配	(1) 各项基金提取比例：盈余公积___%、公益金___% (2) 股利分配		

财务经理：　　　　填表人：　　　　填表日期：

表 1-7　会计师事务所有限责任公司

业务人员独立执业声明书

被审计单位：____________　　索引号：________

会计年度：________年度　　页次：________

项　　目	是	否	不适用
本人声明：			
一、经济利益的独立性 1. 与被审计单位是否存在直接经济利益或重大的间接经济利益关系 2. 与被审计单位是否存在密切的经营关系 3. 是否与被审计单位发生雇佣关系 4. 本人及家庭成员是否持有被审计单位的股份或股票			
二、自我评价的独立性 1. 是否曾任被审计单位的董事、经理、其他关键管理人员，或能够对鉴证业务产生重大影响的员工 2. 是否为被审计单位提供直接影响鉴证业务对象的其他服务 3. 是否为被审计单位编制属于鉴证业务对象的数据或其他记录			
三、关系的独立性 1. 本人之关系密切的家庭成员（配偶、子女、父母及兄弟姐妹）是否是被审计单位的董事、经理、其他关键管理人员或能够对鉴证业务产生直接重大影响的员工 2. 是否与被审计单位有非业务关系之长期交往 3. 是否接受被审计单位或其董事、经理、其他关键管理人员或能够对鉴证业务产生直接影响的员工的贵重礼品或超出社会礼仪的款待 4. 本人是否有注册会计师职业道德标准认定需要回避的各种利害关系			

业务执行人（签章）：　　日期：

（适用于单一企业、年报审计）

审计业务约定书

编号：______

甲方：____________________

乙方：__________会计师事务所

兹由甲方委托乙方对20____年度财务报表进行审计，经双方协商，达成以下约定：

一、业务范围与审计目标

1. 乙方接受甲方委托，对甲方按照企业会计准则和《________会计制度》编制的20____年12月31日的资产负债表、20____年度的利润表、所有者权益变动表和现金流量表以及财务报表附注（以下统称财务报表）进行审计。

2. 乙方通过执行审计工作，对财务报表的下列方面发表审计意见。

（1）财务报表是否按照企业会计准则和《________会计制度》的规定编制；

（2）财务报表是否在所有重大方面公允反映被审计单位的财务状况、经营成果和现金流量。

二、甲方的责任与义务

1. 甲方的责任

（1）根据《中华人民共和国会计法》及《企业财务会计报告条例》，甲方及甲方负责人有责任保证会计资料的真实性和完整性。因此，甲方管理层有责任妥善保存和提供会计记录及相关资料，这些资料必须真实、完整地反映甲方的财务状况、经营成果和现金流量。

(2) 按照企业会计准则和《________会计制度》的规定编制财务报表是甲方管理层的责任，这种责任包括：①设计、实施和维护与财务报表编制相关的内部控制，以使财务报表不存在由于舞弊或错误而导致的重大错报；②选择和运用恰当的会计政策；③做出合理的会计估计。

2. 甲方的义务

(1) 及时为乙方的审计工作提供其所要求的全部会计资料和其他有关资料(在20____年__月__日之前提供审计所需的全部资料)，并保证所提供资料的真实性和完整性。

(2) 确保乙方不受限制地接触任何与审计有关的记录、文件和所需的其他信息。

(3) 甲方管理层对其做出的与审计有关的声明予以书面确认。

(4) 为乙方派出的有关工作人员提供必要的工作条件和协助，主要事项将由乙方于外勤工作开始前提供清单。

(5) 按本约定书的约定及时足额支付审计费用以及乙方人员在审计期间的交通、食宿和其他相关费用。

三、乙方的责任和义务

1. 乙方的责任

(1) 乙方的责任是在实施审计工作的基础上，对甲方财务报表发表审计意见。乙方按照中国注册会计师审计准则(以下简称审计准则)的规定进行审计。审计准则要求注册会计师遵守职业道德规范，计划和实施审计工作，以对财务报表是否不存在重大错报获取合理保证。

(2) 审计工作涉及实施审计程序，以获取有关财务报表金额和披露的审计证据。选择的审计程序取决于乙方的判断，包括对由于舞弊或错误导致的财务报表重大错报风险的评估。在进行风险评估时，乙方考虑与财务报表编制相关的内部控制，以设计恰当的审计程序，但目的并非对内部控制的有效性发表意见。审计工作还包括评价管理层选用会计政策的恰当性和做出会计估计的合理性，以及评价财务报表的总体列报。

(3) 乙方需要合理计划和实施审计工作，以使乙方能够获取充分、适当的审计证据，为甲方财务报表是否不存在重大错报获取合理保证。

(4) 乙方有责任在审计报告中指明所发现的甲方在重大方面没有遵循企业会计准则和《____会计制度》编制财务报表且未按乙方的建议进行调整的事项。

(5) 由于测试的性质和审计的其他固有限制，以及内部控制的固有局限性，不可避免地存在着某些重大错报在审计后可能仍然未被乙方发现的风险。

(6) 在审计过程中，乙方若发现甲方内部控制存在乙方认为的重要缺陷，应向甲方提交管理建议书。但乙方在管理建议书中提出的各种事项，并不代表已全面说明所有可能存在的缺陷或已提出所有可行的改善建议。甲方在实施乙方提出的改善建议前应全面评估其影响。未经乙方书面许可，甲方不得向任何第三方提供乙方出具的管理建议书。

(7) 乙方的审计不能减轻甲方及甲方管理层的责任。

2. 乙方的义务

(1) 按照约定时间完成审计工作，出具审计报告。乙方应于20____年__月__日前出具审计报告。

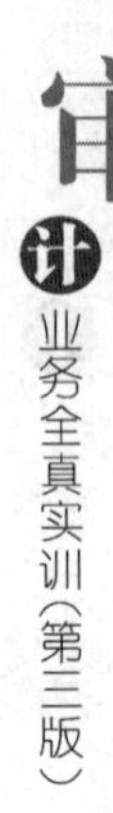

(2) 除下列情况外,乙方应当对执行业务过程中知悉的甲方信息予以保密:①取得甲方的授权;②根据法律、法规的规定,为法律诉讼准备文件或提供证据,以及向监管机构报告发现的违反法规行为;③接受行业协会和监管机构依法进行的质量检查;④监管机构对乙方进行行政处罚(包括监管机构处罚前的调查、听证)以及乙方对此提起行政复议。

四、审计收费

1. 本次审计服务的收费是以乙方各级别工作人员在本次工作中所耗费的时间或甲方的资产总额为基础,依据××省物价局××号《会计、审计、税务、资产评估中介服务收费管理办法》的规定标准计算的。经双方商定,本次审计服务的费用总额为人民币______元。

(乙方账户名称:____________________;开户银行:__________________________________

账号:____________________)

2. 甲方应于本约定书签署之日起____日内支付__%的审计费用,剩余款项于审计报告草稿完成日结清。

3. 如果由于无法预见的原因,致使乙方从事本约定书所涉及的审计服务的工作量有明显的增加或减少时,甲乙双方应通过协商,相应调整本约定书第四条第1项下所述的审计费用。

4. 与本次审计有关的其他费用(包括交通费、食宿费等)由甲方承担。

五、审计报告和审计报告的使用

1. 乙方按照《中国注册会计师审计准则第1501号——对财务报表形成审计意见和出具审计报告》和《中国注册会计师审计准则第1502号——在审计报告中发表非无保留意见》和《中国注册会计师审计准则第1503号——在审计报告中增加强调事项段和其他事项段》规定的格式和类型出具审计报告。

2. 乙方向甲方出具审计报告一式____份。

3. 甲方在提交或对外公布审计报告时,不得修改或删节乙方出具的审计报告;不得修改或删除重要的会计数据、重要的报表附注和所做的重要说明。

六、本约定书的有效期限

本约定书自签署之日起生效,并在双方履行完本约定书约定的所有义务后终止。但其中第三2(2)、四、五、八、九、十项并不因本约定书终止而失效。

七、约定事项的变更

如果出现不可预见的情况,影响审计工作如期完成,或需要提前出具审计报告时,甲乙双方均可要求变更约定事项,但应及时通知对方,并由双方协商解决。

八、终止条款

1. 如果根据乙方的职业道德及其他有关专业职责、适用的法律、法规规定,乙方不适宜继续为甲方提供本约定书约定的审计服务时,乙方可以提出终止履行本约定书。

2. 在终止业务约定的情况下,乙方有权就其于本约定书终止之日前对约定的审计服务项目所做的工作收取合理的审计费用。

九、违约责任

甲乙双方按照《中华人民共和国民法典》的规定承担违约责任。

十、适用法律和争议解决

本约定书的所有方面均应适用中华人民共和国法律进行解释并受其约束。本约定书履行地为乙方出具审计报告所在地，因本约定书所引起的或与本约定书有关的任何纠纷或争议（包括关于本约定书条款的存在、效力或终止，或无效之后果），双方选择以下第________种解决方式。

1. 向有管辖权的人民法院提起诉讼；

2. 提交________仲裁委员会仲裁。

十一、双方对其他有关事项的约定

本约定书一式两份，甲乙双方各执一份，具有同等法律效力。

甲方：____________________（盖章）　乙方：____________会计师事务所（盖章）

授权代表：（签章）____________　授权代表：（签章）____________

电话：____________　电话：____________

传真：____________　传真：____________

联系人：____________　联系人：____________

20____年__月__日　20____年__月__日

七、实训要求

（1）学生实训前应在教师指导下仔细阅读参考资料，熟悉注册会计师事务所审计业务范围和规定。

（2）脚本应按照业务操作流程顺序撰写。

① 伟云公司向会计师事务所提出审计邀约；

② 事务所进行人员安排、组建审计小组；

③ 审计小组前往伟云公司做基本情况初步了解；

④ 事务所根据客户情况做出是否接受其审计委托的决定并通知伟云公司；

⑤ 如果接受审计委托则双方进行审计业务书中条款的商谈；

⑥ 双方在达成的审计业务约定书上签字盖章（一式两份）。

（3）会计师事务所人员应包括：业务接待员、业务总监、审计项目负责人、审计人员；伟云公司人员应包括业务联络员、财务经理或主管、公司接待员、总经理等。

（4）剧本的撰写除将接受审计业务委托的要点体现出来外，还应体现公司业务往来中常规礼仪礼节、语言和举止。

（5）学生剧本的撰写应基本符合实际操作的情况，具有可操作性。

（6）剧本应在教师的指导下预演、修改、完善后，再进行正式的表演。

八、实训拓展

（1）当存在以下情形之一时，注册会计师将如何考虑客户的审计委托？

① 若伟云公司为非上市公司,且会计核算不规范,内部控制制度不健全。

② 若伟云公司是因与前任注册会计师在2020年度利润虚增问题上有异议而更换会计师事务所的,且提出只要注册会计师提供"无保留意见"审计报告,审计费用可将支付金额提高到30 000元以上。

(2) 当存在以下情形之一时,伟云公司应将审计委托给哪家会计师事务所?

① 浙江威达会计师事务所承诺,如果双方达成合作协议,将为伟云公司免费提供一次会计内部控制制度审核和咨询。

② 浙江德诚会计师事务所承诺,如果双方达成两年以上合作协议,可按九折收取伟云公司审计费用。

九、接受审计委托脚本设计指南

1. 接受审计委托工作过程简介

通常一个客户邀请会计师事务所为其进行审计,主要是通过熟人、客户、事务所业务员等的介绍或推荐来决定的。但整个过程仍然类似于一份购销合同的签订过程。主要场景和情形包括以下内容。

(1) 会计师事务所业务接待处

伟云公司外事办人员,持介绍信来到会计师事务所业务接待部门与事务所业务接待员洽谈审计委托意向。(此阶段要填写《鉴证业务登记表》)

事务所业务接待员热情接待客人,并与客人亲切交谈。通过与客户交流、问答,了解审计委托人单位的性质、规模、业务经营范围、审计业务类型、审计目的等之后,判断其要求是否符合注册会计师审计业务范围、是否属于本事务所业务能力范围。如果客户的要求是合理的,则同意为其安排审计,否则应予以拒绝,并将意思表达给对方。如果同意客户要求,则向其解释工作程序,请对方暂回等待下一步工作安排的通知,并将审计需准备的资料清单一份交给伟云公司外事办人员。

(本阶段事务所工作重点是正确选择客户,是审计风险防范的第一关。)

(2) 会计师事务所业务主管办公室

事务所业务接待员认为可以接受客户审计委托意向后,在与事务所业务主管领导协商后,将任务安排给某一审计业务部门(本实训中审计部门由实训小组自行进行设定)。

(本阶段事务所工作重点是从人员、时间安排方面,考察能否胜任客户的审计委托,是审计风险防范的第二关。)

(3) 某审计业务部门办公室

接到任务后,业务部门经理组织、安排审计项目组成员及负责人。

项目组负责人安排好时间和人员后,电话与伟云公司外事办人员约定进现场进行初步情况了解的时间、审计人员和联络人、联络方式。

(本阶段实训重点是掌握对外业务处理中常规、基本工作程序。)

（4）被审计单位所在地

项目组按照《初步业务活动程序表》中设定的程序到被审计单位实施客户可审性评价工作。

对于首次接受委托的单位，注册会计师要事先到被审计单位去调查、了解基本情况，做业务承接评价，看是否能够接受此委托、预测审计风险有多大等，进行进一步业务洽谈。对于连续接受委托的单位，项目组仅就客户有变化的方面，结合上年度审计情况，进行相应分析、判断、决策即可。（这个过程需要填写《客户承接/保持评价表》部分内容、查看表格中涉及的被审计单位资料和现场。）

（本阶段事务所工作重点是对客户的可审性进行评价，是防范审计风险的第三关。）

（5）会计师事务所审计项目组办公室

从被审计单位收集完资料后，项目组回到事务所，就被审计单位收集到资料（《客户承接/评价表》中客户基本信息部分）、自身条件和能力等做综合评价，并将结果填写在《客户承接/保持评价表》内，最终形成是否接受审计委托的决定。

如果能够接受对方委托，则由项目组拟定一份《审计业务约定书》，交给被审计单位交流意见，如果没有异议则打印成正式稿，双方签字生效。

（本阶段事务所工作重点是初步估计审计风险，确定是否接受客户审计委托，签订业务合同，是防范审计风险的第四关。）

（6）被审计单位总经理办公室（或会计师事务所总经理办公室）

双方就协商一致的《审计业务约定书》进行签字仪式。

接受审计委托业务工作结束。

2. 脚本设计内容

（1）场景设计

被审计单位场景包括：公司牌；总经理室牌；财务科科室牌；总经理、会计主管、财务经理的办公桌、办公用品、牌位；公司营业执照及副本、公司章程、公司税务登记证；财务报表、会计账簿、会计凭证各三本；模拟公司印章、模拟公司合同印章及印泥；介绍信、水杯、椅子等。

会计师事务所场景包括：事务所牌；接待室牌和接待员牌；审计部牌、办公室；模拟公司印章、模拟公司合同印章及印泥；介绍信、名片、水杯、椅子等。

（2）人物设计

① 被审计单位一方：总经理、财务经理、会计主管、出纳、外事办人员各一名，会计人员若干（人数由各小组自行安排）。

② 会计师事务所：业务接待员、业务主管、审计某部经理、项目经理各一名（可兼任）、项目组成员若干（由各小组自行安排）。

③ 文字记录员双方均应选出一名，负责文字记录；影像摄制员双方也均应设置一名，负责拍照片或录像。此两名人员可由小组成员兼任。

（3）对话、动作设计

双方洽谈业务时的对白和动作要与实际工作内容相符合，突出工作原则、要点，做到自然、轻松、切实可行,不做艺术夸大。

十、相关法规

(1)《注册会计师业务指导目录(2018年)》

(2)《中国注册会计师审计准则第1111号——就审计业务约定条款达成一致意见》

(3)《中国注册会计师职业道德守则第4号——审计和审阅业务对独立性的要求》

实训1.2 审计重要性与审计风险的确定

审计重要性和审计风险概念的运用贯穿整个审计过程。在接受审计委托的阶段,注册会计师就已经开始考虑被审计单位的重要性和审计风险了,注册会计师在了解被审计单位及其环境的基础上确定审计重要性和审计风险,并随着审计过程的推进,不断评价、修正重要性和审计风险的合理性。

带着问题做实训:

(1) 在确定审计重要性和审计风险时,审计人员应当以哪些社会主义核心价值观做引领?应坚持哪些审计职业道德?

(2) 如何理解和确定审计的重要性、审计风险?

(3) 审计的重要性包含几个层次?在审计计划阶段如何评估重要性?

(4) 审计风险主要是控制什么风险?审计风险与审计重要性是什么关系?

一、实训目的

通过本实训使学生以社会主义核心价值观为引领,以职业道德为指导,能够:

(1) 熟悉审计重要性和审计风险评估的基本方法;

(2) 掌握审计重要性和审计风险评估的基本技巧。

二、实训任务与步骤

(1) 计算和确定重要性水平;

(2) 计算和确定审计风险。

三、实训学时

1学时。

四、实训资料

佳诚会计师事务所注册会计师王韵和陈飞，在制订康士达股份有限公司2021年度会计报表审计计划时，需对其审计重要性和审计风险进行初步评估。对重要性水平的评估，两位注册会计师采用了固定比率法。佳诚会计师事务所的审计风险水平一般控制在5%，在初步业务活动阶段，两位注册会计师将康士达股份有限公司的重大错报风险水平确定在20%。

康士达股份有限公司未经审计的有关会计报表项目金额及重要性水平的固定比率如表1-8所示。

表1-8 未经审计的有关会计报表项目金额及重要性水平的固定比率

资产负债表项目	金额/万元	固定比率/%
资产总计	168 000	0.5
股东权益合计	88 000	1
主营业务收入	204 000	0.5
利润总额	34 800	
净利润	90 100	5

五、实训方式

本实训采取单人手工实训的方式。

六、实训拓展

(1) 如果康士达股份有限公司净利润为88 000万元或者12 000万元，固定比率为3%，则该公司的重要性水平是多少？

(2) 如果佳诚会计师事务所的审计风险水平一般控制在4.5%，注册会计师将康士达股份有限公司的重大错报风险水平确定在15%或者22%，则检查风险应该是多少？

七、相关法规

(1)《中国注册会计师审计准则第1221号——计划和执行审计工作时的重要性》

(2)《中国注册会计师审计准则第1231号——针对评估的重大错报风险采取的应对措施》

(3)《中国注册会计师职业道德守则第1号——职业道德基本原则》

(4)《企业内部控制应用指引第1号——组织架构》

(5)《企业内部控制应用指引第2号——发展战略》

项目2
Xiangmu 2

销售与收款循环审计

实训 2.1 销售与收款循环内部控制测试

在识别和评估重大错报风险时，审计准则要求注册会计师了解与审计相关的内部控制，从而为设计和实施针对评估的重大错报风险采取的应对措施提供基础。内部控制测试的核心工作是评价被审计单位的内部控制是否建立、健全和运行有效。

带着问题做实训：

(1) 在实施销售与收款循环内部控制测试时，审计人员应当以哪些社会主义核心价值观做引领？应坚持哪些审计职业道德？

(2) 实施内部控制测试的条件有哪些？

(3) 销售与收款循环业务特点是什么？相关的内部控制包括哪些内容？

(4) 销售与收款循环内部控制测试包括几个方面？

(5) 销售与收款循环内部控制测试的主要步骤是什么？

(6) 控制测试的审计证据是如何收集的？

一、实训目的

通过本实训使学生以社会主义核心价值观为引领，以职业道德为指导，能够：

(1) 在明确审计目标要求的前提下，会结合销售与收款循环业务特点，按审计程序要求执行控制测试；

(2) 熟悉销售与收款循环内部控制及其测试工作内容、方法；

(3) 掌握销售与收款循环控制测试工作底稿的基本编制方法。

二、实训任务与步骤

(1) 根据所给出的公司资料，填写审计工作底稿“销售与收款循环控制执行情况的评价结果”中“被审计单位的控制活动”一栏内容；

（2）根据测试结果填写“销售与收款循环控制执行情况的评价结果”底稿中“控制活动对实现控制目标是否有效(是/否)”“控制活动是否得到执行(是/否)”和“是否测试该控制活动运行有效性(是/否)”等项目。

三、实训学时

2 学时。

四、实训资料

中信达公司是一家生产和销售电子产品的中型制造企业，其现行的销售政策和程序已经董事会批准，如果需对该项政策和程序做出任何修改，均应经董事会批准后方能执行。本年度该项政策和程序没有发生变化。

中信达公司的产品主要为电子感应器、光感器、集成电路块，通用性较强。所有产品按订单生产，其中约计 95％的产品销售给国外中间商，全部采用海运方式，以货物离岸作为风险、报酬转移的时点。通常情况下，这些顾客于每年年初与公司签订一份包含全年预计所需商品数量、基本单价等条款的一揽子采购意向。顾客采购意向的重要条款由董事会审批，并授权总经理签署。中信达公司根据顾客采购意向总体安排采购原材料及生产计划，实际销售业务发生时，还需要与顾客签订出口销售合同。对于向国内销售的部分，中信达公司根据订单金额和估算毛利情况，分别授权不同级别人员确定是否承接。

中信达公司使用新中大系统处理销售与收款交易，自动生成记账凭证和顾客清单，并过至营业收入和应收账款明细账和总账。主要人员见表 2-1。

表 2-1　销售与收款业务涉及的主要人员

职　务	姓　名	职　务	姓　名
总经理	韩金祥	业务员	甘　彬
副总经理	马伟利	信息管理员	程信安
财务经理	江庆军	生产计划经理	陈　成
会计主管	李娜娜	生产经理	赵俊业
出纳员	邵翠翠	技术经理	赵　扬
应收账款记账员	张　欣	供应与运输经理	贾保运
办税员	吴　兰	仓库保管员	郑　清
销售经理	肖　平	报关部单证员	李　丽

注册会计师袁辉、冯咏 2022 年 1 月 14 日采用询问、观察和检查等方法，了解并记录了中信达公司 2021 年度销售与收款循环的主要控制流程，并已与财务经理江庆军、销售经理肖平确认下列所述内容。同时，因对销售与收款循环涉及的税金实施实质性程序更为有效，故以下控制程序中将不涉及税金。

1. 有关职责分工的政策和程序

中信达公司建立了下列职责分工政策和程序。

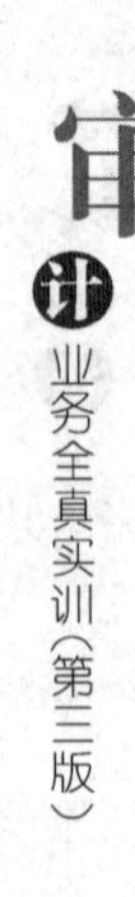

(1) 不相容职务相分离。主要包括订单的接受与赊销的批准、销售合同的订立与审批、销售与运货、实物资产保管与会计记录、收款审批与执行等职务相分离。

(2) 各相关部门之间相互控制并在其授权范围内履行职责,同一部门或个人不得处理销售与收款业务的全过程。

2. 主要业务活动介绍

(1) 销售

① 新顾客。如果是新顾客,他们需要先填写"顾客申请表",销售经理肖平将进行顾客背景调查,获取包括信用评审机构对顾客信用等级的评定报告等,填写"新顾客基本情况表",并附相关资料交副总经理马伟利审批。马伟利副总经理将在"新顾客基本情况表"上签字注明是否同意赊销。通常情况下,给予新顾客的信用额度不超过人民币30万元。若高于该标准,信用额度在人民币30万元以上的应经由总经理韩金祥审批负责批准。

根据经恰当审批的新顾客基本情况表,信息管理员程信安将有关信息输入新中大系统,系统将自动建立新顾客档案。

完成上述流程后,新顾客即可与公司进行业务往来,向中信达公司发出采购订单。

对于新顾客的初次订单,不允许超过经审批的信用额度。如新顾客能够及时支付货款,信用良好,则可视同"现有顾客"进行交易。

② 现有顾客。收到现有顾客的采购订单后,业务员甘彬将订单金额与该顾客已被授权的信用额度以及至今尚欠的账款余额进行检查,经销售经理肖平审批后,交副总经理马伟利复核。如果是超过信用额度的采购订单,应由总经理韩金祥审批。

③ 签订合同。经审批后,授权业务员甘彬与顾客正式签订销售合同。

信息管理员程信安负责将顾客采购订单和销售合同信息输入新中大系统,由系统自动生成连续编号的销售订单(此时系统显示为"待处理"状态)。每周,信息管理员程信安核对本周内生成的销售订单,将销售订单和合同存档管理,对任何不连续编号的情况将进行检查。

每周,应收账款记账员张欣汇总本周内所有签订的销售合同,并与销售订单核对,编制销售信息报告。如有不符,应收账款记账员张欣将通知信息管理员程信安,与其共同调查该事项。

业务员甘彬根据系统显示的"待处理"销售订单信息,与技术经理赵扬、生产经理赵俊业、财务经理江庆军分别确认技术、生产和质量标准以及收款结汇方式,由生产计划经理陈成制定生产通知单。如果顾客以信用证方式付款,则在收到信用证后开始投入生产;如果采用预收货款电汇方式,则在收到30%的预付货款后投入生产。

开始生产后,系统内的销售订单状态即由"待处理"自动更改为"在产"。

(2) 确认、记录应收账款

① 记录确认应收账款。产品生产完工入库后,新中大系统内的销售订单状态由"在产"自动更改为"已完工"。

信息管理员程信安根据系统显示的"已完工"销售订单信息和销售合同约定的交货日

期,开具连续编号的销售发票(出口发票一式六联),交销售经理肖平审核,发票存根联由销售部留存,其他联次分别用于报关、出口押汇、税务核销、外汇核销以及财务记账等。

报关部单证员李丽收到销售发票后办理报关手续,办妥后通知。同时,业务员甘彬在系统内填写出运通知单,确定装船时间。出运通知单的编号在业务员甘彬输入销售订单编号后自动生成。根据系统的设置,如输入错误的销售订单编号,则无法生成相对应的出运通知单。

供应与运输经理贾保运根据系统显示的出运通知信息,安排并组织成品出库运输。

船运公司在货船离岸后, 开出货运提单,通知中信达公司货物离岸时间。

信息管理员程信安将商品离岸信息输入系统,系统内的销售订单状态由“已完工”自动更改为“已离岸”。

应收账款记账员张欣根据系统显示的“已离岸”销售订单信息,将销售发票所载信息和报关单、货运提单等进行核对。如所有单证据核对一致,张欣编制销售确认会计凭证,后附有关单证,交会计主管李娜娜复核。

若核对无误,会计主管李娜娜在发票上加盖“相符”印戳,应收账款记账员张欣据此确认销售收入实现,并将有关信息输入系统,此时系统内的采购订单状态即由“已离岸”自动更改为“已处理”。

如果期末商品已经发出但尚未离岸,则应收账款记账员张欣根据货运提出库单等单证记录应收账款,并于下月初冲回,当系统显示“已离岸”销售订单信息时,记录销售收入实现。

国内销售除无须办理出口报关手续外,其他与出口销售流程基本一致。以下控制流程记录中将不再涉及国内销售。

② 调整应收账款销售退回、折扣与折让。由于中信达公司产品若发生质量等纠纷,顾客主要应采取索赔方式,因此需根据双方确定的金额调整应收账款。业务员甘彬接到顾客的索赔传真件等资料后,编制连续编号的顾客索赔投诉处理表,先传递至生产部门和技术部门,由生产经理赵俊业与技术经理赵扬认定是否确属产品质量问题,并签字确认。如确属中信达公司的责任,财务部应收账款记账员张欣在顾客索赔处理表上注明货款结算情况,然后传递至生产部门和技术部门,由生产经理赵俊业、技术经理赵扬认定是否确属质量问题,经他们签字后确认是否属中信达公司责任。对于索赔金额不超过人民币10万元的,由销售经理肖平批准,如超过该标准,即索赔金额10万元以上的应由总经理韩金祥审批。索赔的方式为调整应收货款金额。

如果发生国内销售退货,其处理与索赔流程基本相同,对退回的商品应由供应运输部成品库验收并单独存放。

应收账款记账员张欣编制应收账款调整分录,后附经适当审批的顾客索赔投诉处理表,交会计主管李娜娜复核后进行账务处理。

③ 对账及差异处理。月末,会计主管李娜娜编制应收账款账龄报告,其内容还应包括应收账款总额与应收账款明细账合计数以及应收账款明细账与顾客对账单的核对情况。如有差异,李娜娜将立即进行调查。如调查结果表明需调整账务记录,李娜娜将编制应收账款调节表和调整建议,连同应收账款账龄分析报告交财务经理江庆军批准后方可

进行账务处理。

④ 计提坏账准备和核销坏账。中信达公司董事会制订并批准了应收账款坏账准备计提方法和计提比例的会计估计。

每年年末,销售经理肖平根据以往的经验、债务单位的实际财务状况和现金流量的情况,以及其他相关信息,编写应收账款可收回性分析报告,交财务部复核。

会计主管李娜娜编制应收账款可收回性分析报告,分析坏账准备的计提比例是否较原先的估计发生较大变化。如发生较大变化,李娜娜编写会计估计变更建议,经财务经理江庆军复核后报董事会批准。

中信达公司坏账准备由系统自动计算生成,对于需要计提特别坏账准备以及拟核销的坏账,由业务员甘彬填写连续编号的坏账变更申请表,并附顾客破产等相关资料,经销售经理肖平审批后,金额在5万元以下的,由财务经理江庆军审批,金额在5万元以上的,由总经理韩金祥审批。

应收账款记账员张欣根据经适当批准的更改申请表进行账务处理。

(3) 记录税金

报关部单证员李丽负责收集出口销售的相关单据,每月末汇总交由财务部办税员吴兰复核,并前往主管税务部门办理出口退税手续。办税员吴兰还负责编制国内销售部分的增值税纳税申报表。每月将增值税纳税申报表和由税务部门盖章确认的出口退税汇算清缴明细表交由财务经理江庆军复核,无误后签字确认。如发现任何异常情况,将进一步调查处理。

收到税务部门的退税款时,由会计主管李娜娜将实际收到的退税款与退税申报表数字进行核对,并由财务经理江庆军复核,无误后在凭证上签字作为复核证据。

(4) 收款

信用证到期或收到顾客已付款通知,由出纳员邵翠翠前往银行办理托收。

款项收妥后,应收账款记账员张欣将编制收款凭证,并附相关单证,如银行结汇单、银行到款通知单等,提交会计主管李娜娜复核审批。

在完成对收款凭证及相关单证的复核后,会计主管李娜娜在收款凭证上签字,作为复核证据,并在所有单证上加盖"核销"印戳。

出纳员邵翠翠根据经复核无误的收款凭证及时登记银行存款日记账。

(5) 维护顾客档案

如需对新中大系统内的顾客信息做出修改,业务员甘彬填写更改申请表,经销售经理肖平审批后交信息管理员程信安负责对更改申请表预先连续编配号码并在系统内进行更改。

信息管理部执行更改程序。信息管理员程信安每月复核顾客档案。对两年内未与中信达公司发生业务往来的顾客,通知业务员甘彬并由其填写更改申请表,经销售经理肖平审批后交信息管理部删除该顾客档案。

每月末,信息管理员程信安编制月度顾客信息更改报告,附同更改申请表的编号记录交由财务经理江庆军复核。

财务经理江庆军核对月度顾客更改信息报告、检查实际更改情况和更改申请表是否一致、所有变更是否得到适当审批以及编号记录表是否正确，在月度顾客信息更改报告和编号记录表上签字作为复核的证据。如果发现任何异常情况，应进行进一步的调查处理。

应收账款记账员张欣每月复核顾客档案的准确性和真实性。

每半年，销售经理肖平复核顾客档案。

注册会计师袁辉、冯咏在测试后认为：中信达公司的内部控制在控制活动对实现控制目标是有效的、控制活动也得到了较好的执行且该控制活动运行均具有效性。

2022年1月20日该审计项目组组长张曼丽对该工作底稿进行了审核。

五、实训方式

本实训采取单人手工实训的方式。

六、实训工具

审计工作底稿“销售与收款循环控制执行情况的评价结果”电子稿或纸质稿，见表2-2。

表2-2 销售与收款循环控制执行情况的评价结果

被审计单位：______ 索引号：______

项目：风险评估 财务报表截止日/期间：______

编制：______ 复核：______

日期：______ 日期：______

主要业务活动	控制目标	受影响的相关交易和账户余额及其认定	被审计单位的控制活动	控制活动对实现控制目标是否有效（是/否）	控制活动是否得到执行（是/否）	是否测试该控制活动运行有效性（是/否）
销售	仅接受在信用额度内的订单	应收账款：计价和分摊	如果是新顾客，销售经理______将对其进行客户背景调查，获取包括信用评审机构对顾客信用等级的评定报告等，填写“新顾客基本情况表”，并附相关资料交至信用管理经理______审批。信用管理经理______将在“新顾客基本情况表”上签字注明是否同意赊销。通常情况下，给予新客户的信用额度不超过人民币______元的由______审批；若高于该标准，应经总经理______审批。 如果是现有顾客，业务员______将订单金额与该顾客已被授权的信用额度以及至今尚欠的账款余额进行检查，经销售经理______审批后，交至副总经理______复核。如果是超过信用额度的采购订单，应由总经理______审批			

续表

主要业务活动	控制目标	受影响的相关交易和账户余额及其认定	被审计单位的控制活动	控制活动对实现控制目标是否有效（是/否）	控制活动是否得到执行（是/否）	是否测试该控制活动运行有效性（是/否）
销售	管理层核准销售订单的价格、条件	应收账款：存在 主营业务收入：发生	对于新顾客的初次订单，不允许超过经审批的信用额度。如新顾客能够及时支付货款，信用良好，则可视同“现有顾客”进行交易。 收到现有顾客的采购订单后，业务员______将订单金额与该顾客已被授权的信用额度以及至今尚欠的账款余额进行检查，经销售经理______审批后，交至副总经理______复核。如果是超过信用额度的采购订单，应由总经理______审批			
	已记录的销售订单的内容准确	应收账款：计价和分摊	信息管理员______负责将顾客采购订单和销售合同信息输入新中大系统，由系统自动生成连续编号的销售订单（此时系统显示为“待处理”状态）。每周，信息管理员______核对本周内生成的销售订单，对任何不连续编号的情况将进行检查			
		主营业务收入：准确性、分类	每周，应收账款记账员______汇总本周内所有签订的销售合同，并与销售订单核对，编制销售信息报告。如有不符，应收账款记账员______将通知信息管理员______，与其共同调查该事项			
	销售订单均已得到处理	应收账款：完整性 主营业务收入：完整性	信息管理员______负责将顾客采购订单和销售合同信息输入新中大系统，由系统自动生成连续编号的销售订单（此时系统显示为“待处理”状态）。每周，信息管理员______核对本周内生成的销售订单，对任何不连续编号的情况将进行检查			
记录应收账款	已记录的销售均确已发出货物	应收账款：存在、权利和义务	船运公司在货船离岸后，开出货运提单，通知公司货物离岸时间。 信息管理员______将商品离岸信息输入系统，系统内的销售订单状态由“已完工”自动更改为“已离岸”			
		主营业务收入：发生	应收账款记账员______根据系统显示的“已离岸”销售订单信息，将销售发票所载信息和报关单、货运提单等进行核对。如所有单证核对一致，会计主管______在发票上加盖“相符”印戳，交应收账款记账员______将有关信息输入系统，此时系统内的采购订单状态即由“已离岸”自动更改为“已处理”			

续表

主要业务活动	控制目标	受影响的相关交易和账户余额及其认定	被审计单位的控制活动	控制活动对实现控制目标是否有效（是/否）	控制活动是否得到执行（是/否）	是否测试该控制活动运行有效性（是/否）
记录应收账款	已记录的销售交易计价准确	应收账款：计价和分摊 主营业务收入：准确性、分类	月末，会计主管______编制应收账款账龄报告，其内容还应包括应收账款总额与应收账款明细账合计数以及应收账款明细账与顾客对账单的核对情况。如有差异，会计主管______将立即进行调查			
	与销售货物相关的权利均已记录至应收账款	应收账款：完整性	信息管理员______根据系统显示的“已完工”销售订单信息和销售合同约定的交货日期，开具连续编号的销售（出口发票一式六联），交销售经理______审核，发票存根联由销售部留存，其他联次分别用于报关、出口押汇、税务核销、外汇核销以及财务记账等			
	销售货物交易均已于适当期间进行记录	主营业务收入：完整性	应收账款记账员______根据系统显示的“已离岸”销售订单信息，将销售发票所载信息和报关单、货运提单等进行核对。如所有单证核对一致，会计主管______在发票上加盖“相符”印戳，应收账款记账员______据此确认销售收入实现，并将有关信息输入系统，此时系统内的采购订单状态即由“已离岸”自动更改为“已处理”			
		应收账款：存在、完整性 主营业务收入：截止	如果期末存在商品已经发出尚未离岸，则应收账款记账员______根据货运提单等单证记录应收账款，并于下月初冲回，当系统显示“已离岸”销售订单信息时，记录销售收入实现			
	已记录的销售退回、折扣与折让均为真实发生的	应收账款：完整性 主营业务收入：完整性	公司销售业务系以______销售为主，与顾客签订的销售合同中不允许退货，若发生质量纠纷，应采取索赔方式，根据双方确定的金额调整应收账款。业务员______接到顾客的索赔传真件等资料后，编制连续编号的顾客索赔处理表，交至生产部门和技术部门，由生产经理______技术经理______认定是否确属产品质量问题，并签字确认。如确属公司的责任，应收账款记账员______在顾客索赔处理表注明货款结算情况。对于索赔金额不超过人民币______元的，由销售经理______批准，如超过该标准，应经总经理______审批			

续表

主要业务活动	控制目标	受影响的相关交易和账户余额及其认定	被审计单位的控制活动	控制活动对实现控制目标是否有效(是/否)	控制活动是否得到执行(是/否)	是否测试该控制活动运行有效性(是/否)
	已发生的销售退回、折扣与折让均确已记录	应收账款:存在 主营业务收入:发生	月末,会计主管______编制应收账款账龄报告,其内容还应包括应收账款总额与应收账款明细账合计数以及应收账款明细账与顾客对账单的核对情况。如有差异,会计主管______将立即进行调查			
	已发生的销售退回、折扣与折让均于恰当期间进行记录	主营业务收入:截止	应收账款记账员______编制应收账款调整分录,后附经适当审批的顾客索赔处理表,交会计主管______复核后进行账务处理			
记录应收账款	已发生的销售退回、折扣与折让均确已准确记录	应收账款:计价和分摊 主营业务收入:准确性、分类	业务员______接到顾客的索赔传真件等资料后,编制连续编号的顾客索赔处理表,交至生产部门和技术部门,由生产经理______技术经理______认定是否确属产品质量问题,并签字确认。如确属中信达公司的责任,应收账款记账员______在顾客索赔处理表注明货款结算情况。对于索赔金额不超过人民币______元的,由销售经理______批准,如超过该标准,应经总经理______审批			
	准确计提坏账准备和核销坏账,并记录于恰当期间	应收账款:存在、完整性、权利和义务	公司董事会制订并批准了应收账款坏账准备计提方法和计提比例的会计估计。 每年年末,销售经理______根据以往的经验、债务单位的实际财务状况和现金流量的情况,以及其他相关信息,编写应收账款可收回性分析报告,交财务部复核			
		坏账准备:计价和分摊、完整性、存在	会计主管______根据应收账款可收回性分析报告,分析坏账准备的计提比例是否较原先的估计发生较大变化。如发生较大变化,会计主管______编写会计估计变更建议,经财务经理______复核后报董事会批准			
		坏账准备:计价和分摊、完整性、存在	公司坏账准备由系统自动计算生成,对于需要计提特别坏账准备以及拟核销的坏账,由业务员______填写连续编号的坏账变更申请表,并附顾客破产等相关资料,经销售经理______审批后,金额在______元以下的,由财务经理______审批,金额在______元以上的,由总经理______审批。应收账款记账员______根据经适当批准的更改申请表进行账务处理			

续表

主要业务活动	控制目标	受影响的相关交易和账户余额及其认定	被审计单位的控制活动	控制活动对实现控制目标是否有效(是/否)	控制活动是否得到执行(是/否)	是否测试该控制活动运行有效性(是/否)
收款	收款是真实发生的	应收账款:完整性、权利和义务	信用证到期或收到顾客已付款通知,由出纳员______前往银行办理托收。款项收妥后,应收账款记账员______将编制收款凭证,并附相关单证,如银行结汇单、银行到款通知单等,提交会计主管______复核。在完成对收款凭证及相关单证的复核后,会计主管______在收款凭证上签字作为审批证据,并在所有单证上加盖"核销"印戳			
	准确记录收款	应收账款:计价和分摊	应收账款记账员______将编制收款凭证,并附相关单证,如银行结汇水单、银行到款通知单等,提交会计主管______复核。在完成对收款凭证及相关单证的复核后,会计主管______在收款凭证上签字,作为复核证据,并在所有支持文件上加盖"核销"印戳。 出纳员______根据经复核无误的收款凭证及时登记现金和银行存款日记账			
	收款均已记录	应收账款:完整性	每月末,由会计主管指定出纳员______以外的人员核对银行存款日记账和银行对账单,编制银行存款余额调节表,并提交给财务经理______复核,财务经理______在银行存款余额调节表中签字作为其复核的证据			
	收款均已于恰当期间进行记录	应收账款:存在、完整性	每月末,由会计主管指定出纳员______以外的人员核对银行存款日记账和银行对账单,编制银行存款余额调节表,并提交给财务经理______复核,财务经理______在银行存款余额调节表中签字作为其复核的证据			
	监督应收账款及时收回	应收账款:权利和义务	每月末,会计主管______编制应收账款账龄报告			
维护顾客档案	对顾客档案变更均为真实有效的	应收账款:完整性、存在 主营业务收入:完整性、发生	信息管理员______负责对更改申请表预先连续编配号码并在系统内进行更改。 财务经理______核对月度顾客更改信息报告、检查实际更改情况和更改申请表是否一致、所有变更是否得到适当审批以及编号记录表是否正确,在月度顾客信息更改报告和编号记录表上签字作为复核的证据。如发现任何异常情况,将进一步调查处理			

续表

主要业务活动	控制目标	受影响的相关交易和账户余额及其认定	被审计单位的控制活动	控制活动对实现控制目标是否有效（是/否）	控制活动是否得到执行（是/否）	是否测试该控制活动运行有效性（是/否）
维护顾客档案	对顾客档案变更均为准确的	应收账款：计价和分摊 主营业务收入：准确性、分类	如需对系统内的顾客信息做出修改，业务员______填写更改申请表，经销售经理______审批后交信息管理员______负责对更改申请表预先连续编配号码并在系统内进行更改。 财务经理______核对月度顾客更改信息报告、检查实际更改情况和更改申请表是否一致、所有变更是否得到适当审批以及编号记录表是否正确，在月度顾客信息更改报告和编号记录表上签字作为复核的证据。如发现任何异常情况，将进一步调查处理 每半年，销售经理______复核顾客档案			
	对顾客档案变更均已于适当期间进行处理	应收账款：权利和义务、存在、完整性 主营业务收入：完整性、发生	信息管理员______负责对更改申请表预先连续编配号码并在系统内进行更改 财务经理______核对月度顾客更改信息报告、检查实际更改情况和更改申请表是否一致、所有变更是否得到适当审批以及编号记录表是否正确，在月度顾客信息更改报告和编号记录表上签字作为复核的证据。如发现任何异常情况，将进一步调查处理			
	确保顾客档案数据及时更新	应收账款：权利和义务、存在、完整性 主营业务收入：完整性、发生	信息管理员______每月复核顾客档案。对两年内未与S公司发生业务往来的顾客，通知业务员______由其填写更改申请表，经销售经理______审批后交信息管理部删除该顾客档案 每半年，销售经理______复核顾客档案			

七、实训拓展

请根据审计工作底稿“销售与收款循环控制执行情况的评价结果”中的结果，初步判断一下，该公司销售与收款循环内部控制是否真实有效？

八、相关法规

（1）《中国注册会计师审计准则第1211号——通过了解被审计单位及其环境识别和

评估重大错报风险》

（2）《中国注册会计师审计准则第1231号——针对评估的重大错报风险采取的应对措施》

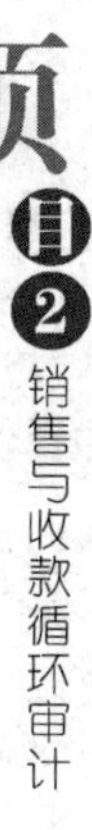

实训2.2 营业收入实质性程序

实质性程序是注册会计师针对评估的重大错报风险实施的、直接用于发现认定层次重大错报的审计程序。由于注册会计师对重大错报风险的评估是一种判断，可能无法充分识别所有的重大错报风险，并且由于办理中存在固有局限性，无论评估的重大错报风险结果如何，注册会计师都应当针对所有的重大的各类交易和事项、账户余额、列报实施实质性程序。

带着问题做实训：

（1）在实施营业收入审计时，审计人员应当以哪些社会主义核心价值观做引领？应坚持哪些审计职业道德？

（2）实质性程序包括哪两种程序？各自的作用是什么？

（3）注册会计师实施的实质性程序，应当包括哪些与财务报表编制完成阶段相关的审计程序？

（4）销售与收款循环审计涉及哪些交易和事项、账户余额、列报？

（5）销售与收款循环实质性程序的具体内容包括哪些？

一、实训目的

通过本实训使学生以社会主义核心价值观为引领，以职业道德为指导，能够：

（1）在明确审计目标要求的前提下，结合企业销售业务特点，按审计程序要求执行实质性程序；

（2）熟悉营业收入实质性程序的基本工作内容、方法、要点；

（3）掌握营业收入审计工作底稿的基本编制方法；

（4）掌握营业收入审计差错的调整方法和技巧。

二、实训任务与步骤

（1）仔细阅读实训资料，运用所学知识分析被审计单位的业务处理是否正确；如果不正确，请做出正确的审计处理，并填写“记账凭证测试表”；

（2）根据审计处理结果，填写“营业收入审定表”工作底稿。

三、实训学时

2 学时。

四、实训资料

浙江科华机械股份有限公司为一家机械制造公司，注册会计师张军、陈涛 2022 年 2 月 3 日在审计该公司 2021 年度主营业务收入时发现如表 2-3～表 2-6 所示的凭证，记录了该公司的一笔销售业务。注册会计师张军、陈涛未发现其他销售业务存在不同或有问题处理。

表 2-3 记账凭证

2021 年 12 月 31 日　　银付字第 2 号

摘要	会计科目		借方金额										贷方金额										记账
	总账科目	明细账科目	千	百	十	万	千	百	十	元	角	分	千	百	十	万	千	百	十	元	角	分	√
销售商品及代垫运杂费	应收账款	黄海机电公司		1	7	9	2	3	0	8	0	0											
	主营业务收入	1# 机床												1	1	3	4	0	0	0	0	0	
		2# 机床													4	5	0	0	0	0	0	0	
	应交税费	应交增值税（销项税额）													2	0	5	9	2	0	0	0	
	银行存款	中国银行															2	3	8	8	0	0	
附件 3 张	合计		¥	1	7	9	2	3	0	8	0	0	¥	1	7	9	2	3	0	8	0	0	

会计主管：张明　记账：李虎　出纳：赵丽丽　审核：王玉　制证：马华

表 2-4 浙江增值税专用发票

（全国统一发票监制章 浙江 国家税务总局监制）

此联不作报销、扣税凭证使用　No. 80021002

3300213130　　开票日期：2021 年 12 月 30 日

购买方	名称：黄海机电公司 纳税人识别号：91441858430103232X 地址、电话：广州站前路 350 号 020-8847392 开户行及账号：建行站前办 8450010012667				密码区	3/1<+<<389780-889a*024-88908 +<-5064788972<0*78863 — 873 —+223 —— 213210230011120 -5-1<36>>3+66554453>>3>		
货物或应税劳务、服务名称	规格型号	单位	数量	单价	金额	税率	税额	
1# 机床		台	7	162 000.00	1 134 000.00	13%	147 420.00	
2# 机床		台	5	90 000.00	450 000.00	13%	58 500.00	
合计					¥1 584 000.00		¥205 920.00	
价税合计（大写）	⊗壹佰柒拾捌万玖仟玖佰贰拾元整				（小写）¥1 789 920.00			
销售方	名称：浙江科华机械股份有限公司 纳税人识别号：91330647823904234X 地址、电话：杭州西湖路 30 号 0571-8343908 开户行及账号：中行西湖办 8350010010012				备注	（浙江科华机械股份有限公司 91330647823904234X 发票专用章）		

收款人：赵丽丽　复核：王玉　开票人：马华　销货方：（章）

第一联：记账联 销售方记账凭证

税总函[2021]105号浙江省美森印务有限公司

表 2-5　支票存根

中国银行支票存根	
支票号码：	20216102
科　　目：	
对方科目：	
出票日期：	2021.12.30
收款人：	杭州申通达运输公司
金　额：	￥2 388.00
用　途：	代垫运杂费
备　注：	
单位主管：	会计：
复核：	记账：

(邮)

表 2-6　托收承付凭证（回单）　　　　第 3 号

委托日期：2022 年 01 月 03 日　　　　托收号码：3782

付款人	全　称	黄海机电公司	收款人	全　称	浙江科华机械股份有限公司
付款人	账号或地址	8450010012667	收款人	账　号	8350010010012
付款人	开户银行	建行站前办	收款人	开户银行	中行西湖办

人民币（大写）	壹佰柒拾玖万贰仟叁佰零捌元整	千	百	十	万	千	百	十	元	角	分
		￥	1	7	9	2	3	0	8	0	0

附　件	商品发运情况	合同名称号码
附寄单证张数或册数　2	已发运　No. 011689	01-1368
备注 验单付款	款项收妥日期 年　月　日	（收款人开户行盖章）　年　月　日

单位主管：　　　　会计：　　　　复核：　　　　记账：

（印章：中国银行 2022.01.03 转账 转讫）

此联是收款人开户银行给收款人的回单

五、实训方式

本实训采取单人手工实训的方式。

六、实训工具

审计工作底稿“记账凭证测试通用底稿”“营业收入审定表”电子稿或纸质稿，见表 2-7和表 2-8。

表 2-7　记账凭证测试通用底稿

被审计单位名称：________________　　　　　　　　索引号：　页次 1/1
审计项目名称：________________　　编制：______　　日期：20　年　月　日
会计期间或截止日：________________　　复核：______　　日期：20　年　月　日

测试序号	日期	凭证号	内　容	金　额	与原始凭证是否相符	会计处理正确与否	所属时间无误	备　注
1								
2								
3								
4								
5								
6								
7								
8								
9								

说明：
1. 本表通用于项目的凭证测试和账务处理测试；
2. 对有关凭证测试和账务处理测试的核对内容，可视审计业务需要，适当增加或调整；
3. 凡用作有关项目的具体审计抽查记录时，必须按抽查要求，获取审计证据和计算、验证资料。

表 2-8　营业收入审定表

被审计单位：________________　　　　索引号：________________
项目：　营业收入　　　　　　　　　　财务报表截止日/期间：________
编制：________________　　　　　　　复核：________________
日期：________________　　　　　　　日期：________________

项目类别	本期未审数	账项调整		本期审定数	上期审定数	索引号
		借方	贷方			
一、主营业务收入						
1# 机床	4 974 460					
2# 机床	1 878 600					
3# 机床	1 352 600					
小　计						
二、其他业务收入						
运输服务	230 456			230 456		
小　计						
营业收入合计						
审计结论：						

七、实训拓展

(1) 针对上述资料,你认为该项业务还涉及哪些审计工作底稿? 如何填写?

(2) 该项业务涉及的会计报表项目是什么? 会计报表是否需要调整? 如何调整?

(3) 如果记账凭证的时间是2022年1月3日,托收承付的手续是2021年12月31日办妥的,该项业务是否就不存在问题? 为什么?

实训2.3 应收账款函证

在应收账款审计中,为了证实应收账款账户余额的真实性、正确性,防止或发现被审计单位及其有关人员在销售交易中发生错误或舞弊行为,注册会计师往往采用函证的方式,通过直接来自第三方对有关信息和现存状况的声明,获取和评价审计证据。通过函证可以比较有效地证明被询证者(即债务人)的存在或被审计的记录的可靠性。

带着问题做实训:

(1) 在实施应收账款审计时,审计人员应当以哪些社会主义核心价值观做引领? 应坚持哪些审计职业道德?

(2) 应收账款的审计必须进行函证吗? 函证是否一定能够获取到注册会计师想要的信息?

(3) 为了有效地获取债务人债务信息,注册会计师应当做好哪些函证前的准备工作?

(4) 是被审计单位所有的欠款客户都需要函证吗? 什么时间函证才能保证审计工作的需要? 函证信如何写、如何交寄?

(5) 债务人一定都会回函吗? 不同的回函说明什么问题?

一、实训目的

通过本实训使学生以社会主义核心价值观为引领,以职业道德为指导,能够:

(1) 在明确审计目标要求的前提下,进行应收账款函证对象、范围、时间和方式的选择;

(2) 熟悉应收账款函证的基本工作内容、方法和要点;

(3) 掌握积极式、消极式函证书写内容和方法;

(4) 对函证回函情况进行基本分析。

二、实训任务与步骤

(1) 根据实训资料进行函证对象、范围、方式、询证函格式等的选择;

(2) 书写函证信、模拟公司在询证函上盖章、模拟注册会计师将盖好章的询证函装入写好地址的信封、将封好口的信件投入模拟的信箱；

(3) 对函证回函结果进行分析，填写“应收账款函证结果汇总表”。

三、实训学时

2 学时。

四、实训资料

永清会计师事务所注册会计师李烨 2022 年 1 月 8 日在对华美公司 2021 年应收账款进行预审计时了解到，应收账款部分明细账情况如表 2-9 所示。

表 2-9　应收账款部分明细账情况

客户名称	年初余额/万元	年末余额/万元	账　龄	本年度交易额/万元
广东富豪公司	100	150	2 个月	350
上海光大公司	20	40	3 个月	100
浙江耀华公司	8	8	27 个月	0
江苏和润公司	0	30	3 个月	80
河北兴鑫公司	100	100	40 个月	200
辽宁宏远公司	0	100	15 天	100
四川晶锐公司	50	60	2 个月	130
山西旺达公司	300	0	—	600

华美公司本年销售总额为 3 200 万元。公司内部会计控制较为有效。

永清会计师事务所地址：浙江省杭州市高新开发区 20 号大街 280 号，邮政编码：310018，联系电话：0571-86993322，联系人：王森冉。

截至 2022 年 2 月 15 日函证回函有差异的情况如下。

(1) 江苏和润公司：函件所述金额中有 20 万元，已于 2021 年 9 月 20 日汇往贵公司账户。

(2) 辽宁宏远公司：查无此单位，无法投递。

(3) 山西旺达公司：函证两次均未收到回函。

(4) 浙江耀华公司：所欠款项为未解决的质量纠纷，有 6.8 万元产品存在质量问题。

各个公司联系方式如表 2-10 所示。

表 2-10　各公司联系方式

客户名称	地　　址	邮　编	联系人
广东富豪公司供应部	广东省肇庆市高新技术开发区 312 号	526040	张丽红
上海光大公司供应处	上海市浦东新区福山路 346 号	200122	叶　强
浙江耀华公司供应部	浙江省温州市经济开发区 18 号	325060	韩东达
江苏和润公司供销部	江苏省徐州市彭城路 232	221009	陈发财

续表

客户名称	地址	邮编	联系人
河北兴鑫公司供应科	河北省唐山市路南区233号	063000	刘新语
辽宁宏远公司供销科	辽宁省鞍山市铁西六道街33号	114011	赵爱花
四川晶锐公司供应部	四川省达州市罗江镇105号	635025	李欢瑞
山西旺达公司供应部	山西省大同市迎宾西路170号	037008	王军青

注：注册会计师将营业收入的重要性水平定在0.4%。

五、实训方式

本实训采用小组模拟情景实训方式。

六、实训工具

华美公司模拟印章、信封、模拟邮政信箱、应收账款积极式和消极式询证函电子稿或纸质稿；应收账款函证结果汇总表，如表2-11～表2-14所示。

1. 积极式询证函（格式一）

表2-11 积极式询证函（格式一）

应收账款询证函

索引号：______

编号：______

________公司：

本公司聘请的__________会计师事务所正在对本公司________年度财务报表进行审计，按照中国注册会计师审计准则的要求，应当询证本公司与贵公司的往来账项等事项。下列信息出自本公司账簿记录，如与贵公司记录相符，请在本函下端“信息证明无误”处签章证明；如有不符，请在“信息不符”处列明不符项目。如存在与本公司有关的未列入本函的其他项目，也请在“信息不符”处列出这些项目的金额及详细资料。回函请直接寄至________会计师事务所。

回函地址：______________ 邮编：________

电话：__________ 传真：________ 联系人：________

1. 本公司与贵公司的往来账项列示如下。

单位：元

截止日期	贵公司欠	欠贵公司	备注

2. 其他事项：

续表

<table>
<tr><td colspan="2">本函仅为复核账目之用,并非催款结算。若款项在上述日期之后已经付清,仍请及时函复为盼。
(被审计单位盖章)
20__年__月__日
结论:</td></tr>
<tr><td>1. 信息证明无误。
(被询证公司盖章)
___年__月__日
经办人:______</td><td>2. 信息不符,请列明不符项目及具体内容。
(被询证公司盖章)
___年__月__日
经办人:______</td></tr>
</table>

2. 积极式询证函(格式二)

表 2-12 积极式询证函(格式二)

<table>
<tr><td colspan="4">应收账款询证函
索引号:______
编号:______
________公司:
本公司聘请的_____会计师事务所正在对本公司_____年度财务报表进行审计,按照中国注册会计师审计准则的要求,应当询证本公司与贵公司的往来账项等事项。请列示截至____年__月__日贵公司与本公司往来款项余额。回函请直接寄至________会计师事务所。
回函地址:____________________ 邮编:________
电话:________ 传真:________ 联系人:________
本函仅为复核账目之用,并非催款结算。若款项在上述日期之后已经付清,仍请及时函复为盼。
(被审计单位盖章)
20__年__月__日
1. 贵公司与本公司的往来账项列示如下。
单位:元</td></tr>
<tr><td>截止日期</td><td>贵公司欠</td><td>欠贵公司</td><td>备 注</td></tr>
<tr><td></td><td></td><td></td><td></td></tr>
<tr><td></td><td></td><td></td><td></td></tr>
<tr><td colspan="4">2. 其他事项:</td></tr>
<tr><td colspan="4">(被询证公司盖章)
20__年__月__日
经办人:______</td></tr>
</table>

3. 消极式询证函

表 2-13 消极式询证函

应收账款询证函

索引号：______
编号：______

________公司：

本公司聘请的________会计师事务所正在对本公司________年度财务报表进行审计，按照中国注册会计师审计准则的要求，应当询证本公司与贵公司的往来账项等事项。下列信息出自本公司账簿记录，如与贵公司记录相符，则无须回复；如有不符，请直接回函寄至________会计师事务所，并在空白处列明贵公司认为正确的信息。

回函地址：________________ 邮编：__________
电话：__________ 传真：__________ 联系人：__________

1. 本公司与贵公司的往来账项列示如下。

单位：元

截止日期	贵公司欠	欠贵公司	备　注

2. 其他事项：

本函仅为复核账目之用，并非催款结算。若款项在上述日期之后已经付清，仍请及时函复为盼。

（被审计单位盖章）
20__年__月__日

________会计师事务所：
上面的信息不正确，差异如下：

（被询证公司盖章）
20__年__月__日
经办人：________

表 2-14 应收账款函证结果汇总表

被审计单位：________________ 索引号：ZD4
项目：应收账款 财务报表截止日/期间：________________
编制：________________ 复核：________________
日期：________________ 日期：________________

一、应收账款函证情况列表

单位名称	询证函编号	函证方式	函证日期		回函日期	账面金额	回函金额	调节后是否存在差异	调节表索引号
			第一次	第二次					

续表

二、对误差的分析	
项　　目	金　　额
1. 已识别的误差	
2. 推断出的总体误差(扣除已识别的误差)	
审计说明:	

七、实训拓展

(1) 如果被询证对象不认真对待函证,函证的结果无法保证其真实性,注册会计师应该如何获取应收账款的真实性证据?

(2) 针对浙江耀华公司、河北兴鑫公司两家公司的情况,注册会计师应该如何处理?

八、相关法规

《中国注册会计师审计准则第1312号——函证》

实训2.4　坏账准备实质性程序

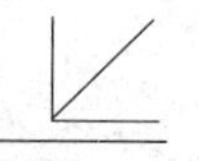

根据稳健性原则,企业年末根据应收账款的余额、账龄或本期销售收入来分析确定本期应计提的坏账准备金额。恰当、正确的坏账计提方式和比例,有助于企业能够抵补以后无法收回的本期销货款。坏账准备作为利润的冲减项,其计提基数、比例、金额是否恰当与正确,对企业的利税也将产生一定的影响。注册会计师往往通过"应收账款坏账准备计算表"来获取真实被审计单位坏账准备计提和披露的恰当性和正确性。

带着问题做实训:

(1) 在实施坏账准备审计时,审计人员应当以哪些社会主义核心价值观做引领?应坚持哪些审计职业道德?

(2)《企业会计准则》和《企业会计制度》对企业坏账准备计提和核算的方法有哪些规定?

(3) 坏账准备的计提需考虑哪些因素?

(4) 坏账准备多提、少提,对企业利税会产生哪些影响?

一、实训目的

通过本实训使学生以社会主义核心价值观为引领，以职业道德为指导，能够：

(1) 在明确审计目标的前提下，进行应收账款坏账准备的常规审计；

(2) 熟悉应收账款坏账准备审计的基本工作内容、方法和要点；

(3) 掌握“应收账款坏账准备计算表”内容和填写方法，并能做出基本的问题分析。

二、实训任务与步骤

(1) 熟悉实训资料和审计工作底稿“应收账款坏账准备计算表”；

(2) 根据实训资料填写“应收账款坏账准备计算表”；

(3) 针对多提或少提的坏账准备，进行审计调整，写出调整分录。

三、实训学时

2 学时。

四、实训资料

永清会计师事务所注册会计师李叶咏 2022 年 2 月 18 日 在对华美公司 2021 年应收账款和坏账准备进行审计时了解到如下情况。

(1) 华美公司坏账准备本期期末账面金额为 248 万元；

(2) 期末无单项金额重大且有客观证据表明发生了减值的应收款项；

(3) 华美公司董事会决定的坏账计提比例分别为：1 年以内(含 1 年)3%，1～2 年(含2 年)5%，2～3 年(含 3 年)10%，3 年以上 20%。该公司年末应收款项余额情况为：1 年以内(含1 年)1 800 万元，1～2 年(含 2 年)780 万元，2～3 年(含 3 年)560 万元，3 年以上 340 万元；

(4) 坏账准备上期审定数 189 万元；

(5) 坏账准备本期转出(核销)金额：阳朔公司 1.2 万元；青鸟公司 2.5 万元。

五、实训方式

本实训采取单人手工实训方式。

六、实训工具

审计工作底稿“应收账款坏账准备计算表”电子稿或纸质稿，如表 2-15 所示。

表 2-15　应收账款坏账准备计算表

被审计单位：________　　索引号：________

项目：　　应收账款　　财务报表截止日/期间：________

编制：________　　复核：________

日期：________　　日期：________

计算过程					索引号
一、坏账准备本期期末应有金额①=②+③					①
1. 期末单项金额重大且有客观证据表明发生了减值的应收款项对应坏账准备应有余额					
单位名称		金　额			
合　计					②
2. 期末单项金额非重大以及经单独测试后未减值的单项金额重大的应收款项对应坏账准备应有余额					
项　目	账　龄	应收款项余额	坏账准备计提比例	坏账准备应有余额	
应收账款	1年以内(含1年)				
	1～2年(含2年)				
	2～3年(含3年)				
	3年以上				
	合　计				③
二、坏账准备上期审定数					④
三、坏账准备本期转出(核销)金额					
单位名称		金　额			
合　计					⑤
四、计算坏账准备本期全部应计提金额 ⑥=①-④+⑤					⑥
审计说明：					

七、实训拓展

（1）从该公司应收账款账龄资料来看，你认为该公司应收账款管理方面是否存在问题？存在哪些问题？

（2）结合实训资料，你认为注册会计师应该为该公司应收账款管理提出哪些建议？

八、相关法规

《企业内部控制应用指引第9号——销售业务》

采购与付款循环审计

实训 3.1 采购与付款循环内部控制测试

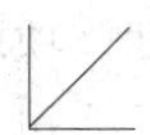

内部控制测试的核心工作是评价被审计单位的内部控制是否建立、健全和运行有效。健全并执行有效的内部控制制度不仅在企业内部能够起到防范舞弊，提高管理水平与经济效益的作用，而且有利于注册会计师降低审计风险。

带着问题做实训：

(1) 在实施采购与付款内部控制测试时，审计人员应当以哪些社会主义核心价值观做引领？应坚持哪些审计职业道德？

(2) 采购与付款循环业务的特点是什么？相关的内部控制包括哪些内容？

(3) 采购与付款循环内部控制、销售与收款循环内部控制的异同点有哪些？

(4) 采购与付款循环内部控制测试的主要步骤有哪些？

一、实训目的

通过本实训使学生以社会主义核心价值观为引领，以职业道德为指导，能够：

(1) 在明确审计目标要求的前提下，结合采购与付款循环业务特点，按审计程序要求执行控制测试；

(2) 熟悉采购与付款循环内部控制及其测试工作内容、方法；

(3) 掌握采购与付款循环控制测试工作底稿的基本编制方法；

(4) 巩固内部控制测试审计工作底稿填制技巧。

二、实训任务与步骤

(1) 根据所给公司资料，填写审计工作底稿“采购与付款循环控制执行情况的评价结果”中“被审计单位的控制活动”一栏；

(2) 根据所给公司资料和“被审计单位的控制活动”栏目中情况，将测试结果分别填

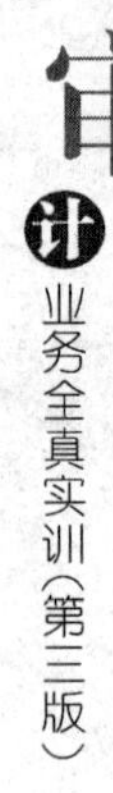

入"控制活动对实现控制目标是否有效(是/否)""控制活动是否得到执行(是/否)""是否测试该控制活动运行有效性(是/否)"三栏中。

三、实训学时

2 学时。

四、实训资料

中信达公司是一家生产和销售电子产品的中型制造企业,其现行的采购政策和程序已经董事会批准,如果需对该项政策和程序做出任何修改,均应经董事会批准后方能执行。本年度该项政策和程序没有发生变化。

中信达公司生产所需的原材料主要包括电子元器件、贵金属及包装材料。其中,约计60%的大宗原材料是向六家经选择的国外供应商采购。通常情况下,中信达公司与这些供应商签订为期一年的采购合同,并于每年年初时续签。续签之前董事会应审批重要合同条款,并授权由总经理签署合同。对其他材料和服务,中信达公司均向国内供应商采购。

中信达公司采用新中大系统处理采购与付款交易,自动生成记账凭证和供应商清单,并过至应付账款明细账和总账。涉及的主要人员如表 3-1 所示。

表 3-1　采购与付款业务涉及的主要人员

职　务	姓　名	职　务	姓　名
总经理	韩金祥	应付账款主管	杨丽红
副总经理	马伟利	采购经理	高岩
财务经理	江庆军	采购业务员	马金谷
会计主管	李娜娜	信息管理员	程信安
出纳员	邵翠翠	生产经理	赵俊业
应付账款记账员	冯巧珍		

注册会计师陈家瑛、胡银桥于 2022 年 1 月 15 日采用询问、观察和检查等方法,了解并记录了中信达公司采购与付款循环的主要控制流程,并已与财务经理江庆军、采购经理高岩确认下列所述内容。

1. 有关职责分工的政策和程序

中信达公司建立了下列职责分工政策和程序。

(1) 不相容职务相分离。主要包括:询价与确定供应商、采购合同的订立与审批、采购与验收、实物资产的保管与会计记录、付款审批与执行等职务相分离。

(2) 各相关部门之间相互控制并在其授权范围内履行职责,同一部门或个人不得处理采购与付款业务的全过程。

2. 主要业务活动介绍

(1) 采购

① 材料采购。生产部门填写请购单(一式三联),经生产经理赵俊业签字审批。

采购部门收到请购单后,对金额在人民币10万元(含10万元)以下的请购单由采购经理高岩负责审批;金额在人民币10万元至人民币30万元(含30万元)的请购单由副总经理马伟利负责审批;金额在人民币30万元至人民币50万元(含50万元)的请购单需经总经理韩金祥审批;金额超过人民币50万元的请购单需经董事会审批。

根据经恰当审批的请购单,信息管理员程信安将有关信息输入新中大系统,系统将自动生成连续编号的采购订单(此时系统显示为"待处理"状态)。每周,信息管理员程信安核对本周内生成的采购订单,将请购单和采购订单存档管理,对任何不连续编号的情况将进行检查。

采购业务员马金谷根据系统显示的"待处理"采购订单信息,安排供应商发货、开具采购发票以及仓储验收等事宜。

每周,财务部门应付账款记账员冯巧珍汇总本周内生成的所有采购订单并与请购单核对,编制采购信息报告。如采购订单与请购单核对相符,应付账款记账员冯巧珍即在采购信息报告上签字。如有不符,应付账款记账员冯巧珍将通知信息管理员程信安,与其共同调查该事项。应付账款记账员冯巧珍还需在采购信息报告中注明不符事项及其调查结果。

② 费用支出。发生采购(管理)费用支出的部门填写费用申请单,其部门经理可以审批金额人民币5 000元(含5 000元)以下的费用;金额在人民币5 000元至人民币5万元(含5万元)的费用由副总经理马伟利负责审批;金额在人民币5万元至人民币20万元(含20万元)的费用需经总经理韩金祥审批;金额超过人民币20万元的费用需经董事会审批。

(2) 记录应付账款

① 材料采购。收到采购发票后,应付账款记账员冯巧珍将发票所载信息和验收单、采购订单进行核对。如所有单据核对一致,应付账款记账员冯巧珍在发票上加盖"相符"印戳并将有关信息输入系统,此时系统自动生成记账凭证过至明细账和总账,采购订单的状态也由"待处理"自动更改为"已处理"。

每月终了,如果采购的材料已经运达中信达公司,供应商已提供采购发票,但材料尚未经验收入库,则应付账款记账员冯巧珍将采购发票单独存放,待下一月份收到验收单时再按上述流程输入系统。

② 费用支出。发生采购(管理)费用的部门收到费用发票后,其部门经理签字确认并交至应付账款记账员冯巧珍。

应付账款记账员冯巧珍对收到的费用发票、费用申请单和其他单据进行核对,核对内容包括有关单据是否经恰当人员审批,金额是否相符等。如所有单据核对一致,应付账款

记账员冯巧珍在发票上加盖“相符”印戳并将有关信息输入系统，此时系统自动生成记账凭证过至明细账和总账。

每月终了，对已经发生尚未收到费用发票的支出，中信达公司不进行账务处理。

③ 核对及差异处理。应付账款记账员冯巧珍如果发现任何差异，将立即通知采购经理高岩或发生费用支出部门的经理，以实施进一步调查。如果采购经理高岩或发生费用支出部门的经理认为该项差异可以合理解释，需在发票上签字并注明原因，特别批准授权应付账款记账员冯巧珍将该发票输入系统。

每月末，应付账款主管杨丽红编制应付账款账龄分析报告，其内容还应包括应付账款总额与应付账款明细账合计数以及应付账款明细账与供应商对账单的核对情况。如有差异，应付账款主管杨丽红将立即进行调查，如调查结果表明需调整账务记录，应付账款主管杨丽红将编制应付账款调节表和调整建议，附同应付账款账龄分析报告一并交至会计主管李娜娜复核，经财务经理江庆军批准后方可进行账务处理。

（3）付款

① 材料采购。在采购合同约定的付款日期到期前（视付款期限而定），应付账款记账员冯巧珍编制付款凭证，并附相关单证，如采购订单、采购发票及验收单等，提交会计主管李娜娜审批。

② 费用支出。申请付款时，费用支出部门需要填写付款申请单，并经部门经理审批。

应付账款记账员冯巧珍收到经批准的付款申请单后，与应付账款明细账记录进行核对。如核对相符，应付账款记账员冯巧珍编制付款凭证，并附相关单证，如费用申请单、费用发票及付款申请单等，提交会计主管李娜娜审批。

在完成对付款凭证及相关单证的复核后，会计主管李娜娜在付款凭证上签字，作为复核证据，并在所有单证上加盖“核销”印戳。

出纳员邵翠翠根据经复核无误的付款凭证办理付款，并及时登记现金和银行存款日记账。

每月末，由会计主管李娜娜指定出纳员邵翠翠以外的人员核对银行存款日记账和银行对账单，编制银行存款余额调节表，并提交给财务经理江庆军复核，财务经理江庆军在银行存款余额调节表中签字作为其复核的证据。

（4）维护供应商档案

如需要对系统内的供应商信息做出修改，采购员马金谷填写更改申请表，经采购经理高岩审批后，由信息管理员程信安负责对更改申请表预先连续编配号码并在系统内进行更改。

信息管理员程信安每月复核供应商档案。对两年内未与中信达公司发生业务往来的供应商，采购员马金谷填写更改申请表，经采购经理高岩审批后交信息管理员程信安删除该供应商档案。

每月末，信息管理员程信安编制月度供应商信息更改报告，附同更改申请表编号的记录交由财务经理江庆军复核。

财务经理江庆军核对月度供应商更改信息报告、检查实际更改情况和更改申请表是否一致、所有变更是否得到适当审批以及编号记录表是否正确，在月度供应商信息更改报告和编号记录表上签字作为复核的证据。如发现任何异常情况,将进一步调查处理。

每半年,采购经理高岩复核供应商档案。

注册会计师陈家瑛、胡银桥在测试后认为:中信达公司的内部控制在控制活动对实现控制目标是有效的、控制活动也得到了较好的执行且该控制活动运行均具有效性。

2022 年 1 月 20 日该审计项目组组长张曼丽对该工作底稿进行了审核。

五、实训方式

本实训方式采取单人手工实训的方式。

六、实训工具

审计工作底稿“采购与付款循环控制执行情况的评价结果”电子稿或纸质稿,见表 3-2 所示。

表 3-2 采购与付款循环控制执行情况的评价结果

被审计单位:________________ 索引号:______BD______

项目:______风险评估______ 财务报表截止日/期间:________________

编制:________________ 复核:________________

日期:________________ 日期:________________

主要业务活动	控制目标	受影响的相关交易和账户余额及其认定	被审计单位的控制活动	控制活动对实现控制目标是否有效(是/否)	控制活动是否得到执行(是/否)	是否测试该控制活动运行有效性(是/否)
采购	只有经过核准的采购订单才能发给供应商	应付账款:存在	采购部门收到请购单后,对金额在人民币______元以下的请购单由采购经理______负责审批;金额在人民币______元至人民币______元的请购单由副总经理______审批;金额在人民币____元至人民币______元的请购单需经总经理______审批;金额超过人民币______元的请购单需经______审批			
		管理费用、销售费用:发生	发生采购(管理)费用支出的部门填写费用申请单,其部门经理可以审批金额人民币______元以下的费用;金额在人民币______元至人民币______元的费用由副总经理______负责审批;金额在人民币______元至人民币______元的请购单需经总经理______审批;金额超过人民币______元的请购单需经______审批			

续表

主要业务活动	控制目标	受影响的相关交易和账户余额及其认定	被审计单位的控制活动	控制活动对实现控制目标是否有效(是/否)	控制活动是否得到执行(是/否)	是否测试该控制活动运行有效性(是/否)
采购	已记录的采购订单内容准确	应付账款:计价和分摊	采购信息管理员______将有关信息输入______系统,系统将自动生成连续编号的采购订单(此时系统显示为“待处理”状态)			
		管理费用、销售费用:准确性、分类	每周,财务部门应付账款记账员______汇总本周内生成的所有采购订单并与请购单核对,编制采购信息报告。如采购订单与请购单核对相符,应付账款记账员______即在采购信息报告上签字。如有不符,应付账款记账员______将通知采购信息管理员______,与其共同调查该事项。应付账款记账员______还需在采购信息报告中注明不符事项及其调查结果			
	采购订单均已得到处理	应付账款:完整性	采购订单由______系统按顺序的方式予以编号。每周应付账款记账员______在编制采购信息报告时,采购信息管理员______也会核对这些采购订单,对任何不符合连续编号的情况将会进行调查			
记录应付账款	已记录的采购均确实已收到物品	应付账款:存在、权利和义务	收到采购发票后,应付账款记账员______将发票所载信息和验收单、采购订单进行核对。如所有单据核对一致,应付账款记账员______在发票上加盖“相符”印戳并将有关信息输入系统,此时系统自动生成记账凭证过至明细账和总账,采购订单的状态也由“待处理”自动更改为“已处理”			
			如发现任何差异,应付账款记账员______将立即通知采购经理______或发生费用支出部门的经理,以实施进一步调查。如果采购经理______或发生费用支出部门的经理认为该项差异可以合理解释,需在发票上签字并注明原因,特别批准授权应付账款记账员______将该发票输入系统			
	已记录的采购均确实已接受劳务	应付账款:存在、权利和义务	发生采购(管理)费用的部门收到费用发票后,由其部门经理签字确认并交至应付账款记账员______			
		管理费用、销售费用:发生	应付账款记账员______对收到的费用发票、费用申请单和其他单据进行核对,核对内容包括有关单据是否经恰当人员审批,金额是否相符等。如所有单据核对一致,应付账款记账员______在发票上加盖“相符”印戳并将有关信息输入系统,此时系统自动生成记账凭证过至明细账和总账			

续表

主要业务活动	控制目标	受影响的相关交易和账户余额及其认定	被审计单位的控制活动	控制活动对实现控制目标是否有效(是/否)	控制活动是否得到执行(是/否)	是否测试该控制活动运行有效性(是/否)
记录应付账款	已记录的采购交易计价正确	应付账款:计价和分摊管理费用、销售费用:准确性、分类	每月末,应付账款主管______编制应付账款账龄分析报告,其内容还应包括应付账款总额与应付账款明细账合计数以及应付账款明细账与供应商对账单的核对情况。如有差异,应付账款主管______将立即进行调查,如调查结果表明需调整账务记录,应付账款主管______将编制应付账款调节表和调整建议,连同应付账款账龄分析报告一并交至会计主管______复核,经财务经理______批准后方可进行账务处理			
	与采购物品相关的义务均已记录至应付账款	应付账款、管理费用、销售费用:完整性	每月末,应付账款主管______编制应付账款账龄分析报告,其内容还包括应付账款总额与应付账款明细账以及应付账款明细账与供应商对账单的核对情况。如有差异,应付账款主管______将立即进行调查,如调查结果表明需调整账务记录,应付账款主管______将编制应付账款调节表和调整建议,连同应付账款账龄分析报告一并交至会计主管______复核,经财务经理______批准后方可进行账务调整			
	与接受劳务相关的义务均已记录至应付账款	应付账款、管理费用、销售费用:完整性	每月末,应付账款主管______编制应付账款账龄分析报告,其内容还包括应付账款总额与应付账款明细账以及应付账款明细账与供应商对账单的核对情况。如有差异,应付账款主管______将立即进行调查,如调查结果表明需调整账务记录,应付账款主管______将编制应付账款调节表和调整建议,连同应付账款账龄分析报告一并交至会计主管______复核,经财务经理______批准后方可进行账务调整			
	采购物品交易均于适当期间进行记录	应付账款:完整性	每月末,应付账款主管______编制应付账款账龄分析报告,其内容还包括应付账款总额与应付账款明细账以及应付账款明细账与供应商对账单的核对情况。如有差异,应付账款主管______将立即进行调查,如调查结果表明需调整账务记录,应付账款主管______将编制应付账款调节表和调整建议,连同应付账款账龄分析报告一并交至会计主管______复核,经财务经理______批准后方可进行账务调整			

续表

主要业务活动	控制目标	受影响的相关交易和账户余额及其认定	被审计单位的控制活动	控制活动对实现控制目标是否有效（是/否）	控制活动是否得到执行（是/否）	是否测试该控制活动运行有效性（是/否）
记录应付账款	接受劳务交易均于适当期间进行记录	应付账款：存在、完整性 管理费用：截止 销售费用：截止	每月终了，对已经发生尚未收到的费用发票的支出，中信达公司不进行账务处理			
付款	仅对已记录的应付账款办理支付	应付账款：存在	应付账款记账员______编制付款凭证，并附相关单证，如费用申请单、费用发票及付款申请单等，提交会计主管______审批			
			在完成对付款凭证及相关单证的复核后，会计主管______在付款凭证上签字作为复核证据，并在所有单证上加盖“核销”印戳			
	准确记录付款	应付账款：计价和分摊	应付账款记账员______编制付款凭证，并附相关单证，如费用申请单、费用发票及付款申请单等，提交会计主管______审批			
			在完成对付款凭证及相关单证的复核后，会计主管______在付款凭证上签字，作为复核证据，并在所有单证上加盖“核销”印戳			
	付款已记录	应付账款：存在	每月末，由会计主管指定出纳员______以外的人员核对银行存款日记账和银行对账单，编制银行存款余额调节表，并提交给财务经理______复核，财务经理______在银行存款余额调节表中签字作为其复核的证据			
	付款均于恰当期间进行记录	应付账款：完整性	每月末，由会计主管指定出纳员______以外的人员核对银行存款日记账和银行对账单，编制银行存款余额调节表，并提交给财务经理______复核，财务经理______在银行存款余额调节表中签字作为其复核的证据			
维护供应商档案	对供应商档案的变更均为真实有效的	应付账款：存在、完整性 管理费、销售费：完整性、发生	如需要对系统内的供应商信息做出修改，采购员填写更改申请表，经采购经理______审批后，由信息管理员______负责对更改申请表预先连续编配号码并在系统内进行更改			

续表

主要业务活动	控制目标	受影响的相关交易和账户余额及其认定	被审计单位的控制活动	控制活动对实现控制目标是否有效（是/否）	控制活动是否得到执行（是/否）	是否测试该控制活动运行有效性（是/否）
维护供应商档案	供应商档案变更均已进行处理	应付账款:完整性	采购信息管理员______负责对更改申请表预先连续编配号码			
		费用:完整性 销售费用:完整性	财务经理______核对月度供应商更改信息报告、检查实际更改情况和更改申请表是否一致、所有变更是否得到适当审批以及编号记录表是否正确,在月度供应商信息更改报告和编号记录表上签字作为复核的证据。如发现任何异常情况,将进一步调查处理			
	对供应商档案变更均为准确的	应付账款:计价和分摊	如需要对系统内的供应商信息做出修改,采购员填写更改申请表,经采购经理______审批后,由采购信息管理员______负责对更改申请表预先连续编配号码并在系统内进行更改			
		管理费用、销售费用:准确性、分类	每月末,采购信息管理员______编制月度供应商信息更改报告,随同更改申请表的编号记录交由财务经理______复核			
			财务经理______核对月度供应商更改信息报告、检查实际更改情况和更改申请表是否一致、所有变更是否得到适当审批以及编号记录表是否正确,在月度供应商信息更改报告和编号记录表上签字作为复核的证据。如发现任何异常情况,将进一步调查处理			
	对供应商档案变更均已于适当期间进行处理	应付账款:权利和义务、存在、完整性	采购信息管理员______负责对更改申请表预先连续编配号码			
		管理费用、销售费用:完整性、发生	财务经理______核对月度供应商更改信息报告、检查实际更改情况和更改申请表是否一致、所有变更是否得到适当审批以及编号记录表是否正确,在月度供应商信息更改报告和编号记录表上签字作为复核的证据。如发现任何异常情况,将进一步调查处理			

续表

主要业务活动	控制目标	受影响的相关交易和账户余额及其认定	被审计单位的控制活动	控制活动对实现控制目标是否有效(是/否)	控制活动是否得到执行(是/否)	是否测试该控制活动运行有效性(是/否)
维护供应商档案	确保供应商档案数据及时更新	应付账款:权利和义务、存在、完整性	采购信息管理员______每月复核供应商档案。对两年内未与本公司发生业务往来的供应商,采购员______填写更改申请表,经采购经理______审批后交信息管理部删除该供应商档案。			
		管理费用、销售费用:完整性、发生	每半年,采购经理______复核供应商档案			

七、实训拓展

注册会计师陈家瑛、胡银桥在通过询问、观察、检查及穿行测试等程序了解中信达公司采购与付款内部控制后认为:中信达公司除了存在下述的问题外,在其他方面执行了相关内部控制制度。

(1) 2020 年 12 月未将应付账款明细账与客户的对账单进行核对;

(2) 公司的供应商锦红公司已经三年未与中信达公司发生交易,但仍在供应商档案中。

请问中信达公司采购与付款循环内部控制是否执行有效?

八、相关法规

(1)《中国注册会计师审计准则第 1211 号——通过了解被审计单位及其环境识别和评估重大错报风险》

(2)《中国注册会计师审计准则第 1231 号——针对评估的重大错报风险采取的应对措施》

实训 3.2 固定资产内部控制测试

固定资产是企业重要资产之一,其数额大、周转期限和回收期均较长,为了确保固定资产的安全、完整和会计记录的准确性,企业应建立、健全固定资产内部控制制度。固定资产与商品存货同属一个交易循环，在内部控制和控制测试问题上固然有许多共性的地方，但固定资产还存在不少特殊性，注册会计师实施控制测试程序时应予以关注。

带着问题做实训：

（1）在实施固定资产审计时，审计人员应当以哪些社会主义核心价值观做引领？应坚持哪些审计职业道德？

（2）固定资产业务的特点是什么？相关的内部控制包括哪些内容？

（3）固定资产内部控制制度与存货采购与付款内部控制的异同点有哪些？

（4）固定资产内部控制测试的主要步骤有哪些？

一、实训目的

通过本实训使学生以社会主义核心价值观为引领，以职业道德为指导，能够：

（1）在明确审计目标要求的前提下，结合固定资产业务特点，按审计程序要求执行控制测试；

（2）熟悉和巩固固定资产内部控制及其测试工作内容、方法；

（3）掌握固定资产控制测试工作底稿的基本编制方法；

（4）巩固内部控制测试审计工作底稿填制技巧。

二、实训任务与步骤

（1）根据所给公司资料，填写审计工作底稿“控制测试汇总表”中“被审计单位的控制活动”一栏；

（2）根据所给公司资料和“被审计单位的控制活动”栏目中情况，将测试结果分别填入“控制活动对实现控制目标是否有效（是/否）”“控制活动是否得到执行（是/否）”“是否测试该控制活动运行有效性（是/否）”“控制测试结果是否支持实施风险评估程序获取的审计证据（支持/不支持）”四栏中。

三、实训学时

2学时。

四、实训资料

中信达公司是一家生产和销售电子产品的中型制造企业，其现行与固定资产业务有关的政策和程序已经董事会批准，如需对该项政策和程序做出任何修改，均应经董事会批准后方能执行。本年度该项政策和程序没有发生变化。

中信达公司固定资产主要包括房屋及建筑物、生产设备、运输设备等，全部通过外购方式取得，没有自行建造的固定资产。

中信达公司采用新中大系统处理固定资产交易，自动生成记账凭证和固定资产清单，并过至固定资产明细账和总账。涉及的主要人员如表 3-3 所示。

表 3-3　采购与付款业务涉及的主要人员

职　　务	姓　名	职　　务	姓　名
总经理	韩金祥	应付账款主管	杨丽红
副总经理	马伟利	固定资产记账员	马　旋
预算经理	张　超	基建采购经理	刘　欣
财务经理	江庆军	采购业务员	李　平
会计主管	李娜娜	采购信息管理员	于立江
出纳员	邵翠翠	设备管理员	武　军
应付账款记账员	冯巧珍		

注册会计师郑杨、王丹于 2022 年 1 月 16 日采用询问、观察和检查等方法，了解并记录了中信达公司固定资产采购与付款循环的主要控制流程，并已与财务经理江庆军、预算经理张超确认下列所述内容。

1. 有关职责分工的政策和程序

中信达公司建立了下列职责分工政策和程序。

(1) 不相容职务相分离主要包括固定资产投资预算的编制与审批、采购合同的订立与审批、验收与款项支付、固定资产投保的申请与审批、保管与清查、处置申请与审批、付款审批与执行等职务相分离。

(2) 各相关部门之间相互控制并在其授权范围内履行职责，同一部门或个人不得处理固定资产业务的全过程。

2. 主要业务活动介绍

(1) 固定资产投资预算管理与审批

中信达公司建立了固定资产投资的预算管理制度。每年年末，各资产使用部门应编制部门固定资产购置计划，经部门经理复核并签字后上报至公司预算管理部门。

单位预算管理部门应对各部门上报的预算方案进行审查、汇总，将意见及时反馈编制预算的部门。预算经理张超复核汇总后的固定资产购置预算，并上报至总经理韩金祥审批。

总经理韩金祥负责召集技术和资产购置部门联合进行投资可行性论证，形成可行性报告并存档管理。金额在人民币 30 万元的以内的固定资产投资预算由总经理韩金祥批准，超过 30 万元的固定资产投资预算应由董事会批准。

经批准后的固定资产投资预算及时下发至各资产使用部门。

(2) 购置

资产使用部门填写请购单(一式三联)，经部门经理签字批准。附同经批准的固定资产投资预算交至采购部。

采购信息管理员于立江将有关信息输入新中大系统，系统将自动生成连续编号的采购订单(此时系统显示为“待处理”状态)。每月，采购信息管理员于立江核对本月内生成

采购订单,并将采购订单存档管理。

基建采购经理刘欣根据系统显示的“待处理”采购订单信息,对金额在人民币30万元以下的请购,可不需进行采购招标而直接安排购置,但金额为人民币10万元至人民币30万元的请购,需由副总经理审批;金额为人民币30万元至50万元的请购由基建采购经理刘欣组织技术部门、投资部门相关人员共同实施采购招标,并经总经理韩金祥审批;金额超过人民币50万元的需经董事会审批。

中信达公司董事会对固定资产采购合同重要条款进行审批,并授权总经理签署合同。采购合同一式四份,且连续编号。

每月,财务部门应付账款记账员冯巧珍汇总本月内生成的所有采购信息,并与请购单核对,编制采购信息报告。如核对相符,应付账款记账员冯巧珍即在采购信息报告上签字。如有不符,应付账款记账员冯巧珍将通知采购信息管理员于立江,与其共同调查该事项。应付账款记账员冯巧珍还需在采购信息报告中注明不符事项及其调查结果。

发生可资本化的后续支出时,视同固定资产购置业务办理。

(3) 确认、记录固定资产

资产使用部门对固定资产进行验收,办理验收手续,出具验收单,并与采购合同、发货单等凭据、资料进行核对。

收到固定资产发票后,应付账款记账员冯巧珍将发票所载信息和验收单、采购订单、采购合同等进行核对。如所有单证核对一致,应付账款记账员冯巧珍在发票上加盖“相符”印戳并将有关信息输入新中大系统,此时系统自动生成记账凭证过至明细账和总账,采购订单的状态也由“待处理”自动更改为“已处理”。

如发现任何差异,应付账款记账员冯巧珍将立即通知基建采购经理刘欣和资产使用部门经理,以实施进一步调查。如果基建采购经理刘欣和资产使用部门经理认为该项差异可以合理解释,需在发票上注明其解释并特别批准授权将该发票输入新中大系统。

固定资产记账员马旋根据系统显示的“已处理”信息,记录当月增加的固定资产,并自下月起计提折旧。每月末,固定资产记账员马旋编制月度内固定资产增、减变动情况分析报告,交至会计主管李娜娜复核。

每月末,应付账款主管杨丽红编制应付账款账龄分析报告,其内容还包括应付账款总额与应付账款明细账以及应付账款明细账与供应商对账单的核对情况。如有差异,应付账款主管杨丽红将立即进行调查,如调查结果表明需调整账务记录,应付账款主管杨丽红将编制应付账款调节表和调整建议,连同应付账款账龄分析报告一并交至会计主管李娜娜复核,经财务经理江庆军批准后方可进行账务调整。

(4) 固定资产折旧及减值

中信达公司董事会制订并批准了固定资产折旧的会计政策和会计估计,规定固定资产按实际成本入账,对当月增加的固定资产,自下月起计提折旧,当月减少的固定资产,当月不再计提折旧。固定资产采用直线法计提折旧,年度终了,对固定资产使用寿命、预计净残值和折旧方法进行复核。

中信达公司折旧费用由系统自动计算生成,固定资产记账员马旋在每月编制的月度

内固定资产增、减变动情况分析报告中，对折旧费用的变动也会做出分析。

年度终了，会计主管李娜娜会同技术部门和资产使用部门，对固定资产的使用寿命、预计净残值、折旧方法进行复核，并检查固定资产是否出现减值迹象。技术部门根据复核和检查结果，编写固定资产价值分析报告。

会计主管李娜娜根据固定资产价值分析报告，如果对固定资产的使用寿命、预计净残值预计数与原先估计数有较大差异的，或与固定资产有关经济利益预期实现方式有重大改变的，会计主管李娜娜应编写会计估计变更建议。

根据固定资产价值分析报告，如果出现固定资产减值迹象，会计主管李娜娜应对该固定资产进行减值测试，计算其可回收额，编制固定资产价值调整建议。

会计估计变更建议和固定资产价值调整建议经财务经理江庆军复核后，报董事会审批。只有经董事会批准后方可进行账务处理。

(5) 固定资产日常保管、处置及转移

中信达公司以固定资产卡片的方式进行实物管理。

每季末，资产使用部门对固定资产进行盘点，由设备管理员武军编写固定资产盘点明细表，固定资产记账员马旋对盘点结果进行复盘，发现如有差异经董事会审批后及时进行账务处理。对经营性租入的机器设备，也设置了备查登记簿由固定资产记账员马旋进行登记。对主要固定资产已进行了商业保险。

对固定资产的重大维修计划，列入年度预算，按固定资产购置程序处理。

对报废的固定资产，由资产使用部门填写固定资产报废单，交总经理韩金祥审核，对金额超过人民币50万元的固定资产报废单，由董事会审批。固定资产记账员马旋根据经适当批准的固定资产报废单进行账务处理。

内部调拨固定资产时，由调入、调出部门共同填写固定资产内部调拨单，交固定资产记账员马旋进行账务处理。

注册会计师郑杨、王丹在通过询问、观察、检查及穿行测试等程序了解中信达公司固定资产采购与付款内部控制后认为：中信达公司固定资产内部控制制度设计健全、合理并得到了有效执行。除该公司在固定资产采购交易计价方面一直保持正确，未收集到该方面的审计证据外，控制测试的结果均支持实施风险评估程序获取的审计证据。

2022年1月20日该审计项目组组长张曼丽对该工作底稿进行了审核。

五、实训方式

本实训方式采取单人手工实训的方式。

六、实训工具

审计工作底稿“控制测试汇总表”电子稿或纸质稿，见表3-4。

表 3-4　控制测试汇总表

被审计单位：______　　　　索引号：GZC-1

项目：控制测试　　　　财务报表截止日/期间：______

编制：______　　　　复核：______

日期：______　　　　日期：______

1. 了解内部控制的初步结论。

2. 控制测试结论。

控制目标	被审计单位的控制活动	控制活动对实现控制目标是否有效（是/否）	控制活动是否得到执行（是/否）	控制活动是否有效运行（是/否）	控制测试结果是否支持实施风险评估程序获取的审计证据（支持/不支持）
只有经管理层核准记录的固定资产投资预算才能执行	公司建立了固定资产投资的预算管理制度。每年年末，各资产使用部门应编制部门固定资产购置计划，经部门经理复核并签字后上报至公司预算管理部门。 预算管理部门应对各部门上报的预算方案进行审查、汇总，将意见及时反馈编制预算的部门。预算经理______复核汇总后的固定资产购置预算，并上报至总经理审批。 总经理______负责召集技术和资产购置部门联合进行投资可行性论证，形成可行性报告并存档管理。金额在人民币______元以内的固定资产投资预算由总经理批准，超过______元的固定资产投资预算应由董事会批准。 经批准后的固定资产投资预算及时下发至各资产使用部门				
只有经核准的采购合同才能执行	资产使用部门填写请购单（一式三联），经部门经理______签字批准。附同经批准的固定资产投资预算交至采购部。 公司董事会对固定资产采购合同重要条款进行审批，并授权总经理______签署合同。采购合同一式四份，且连续编号				

续表

控制目标	被审计单位的控制活动	控制活动对实现控制目标是否有效（是/否）	控制活动是否得到执行（是/否）	控制活动是否有效运行（是/否）	控制测试结果是否支持实施风险评估程序获取的审计证据（支持/不支持）
已记录的固定资产购置采购订单内容准确，已准确记录	每月，财务部门应付账款记账员______汇总本月内生成的所有采购信息，并与请购单核对，编制采购信息报告。如核对相符，应付账款记账员______即在采购信息报告上签字。如有不符，应付账款记账员______将通知采购信息管理员______，与其共同调查该事项。应付账款记账员______还需在采购信息报告中注明不符事项及其调查结果				
所有的固定资产购置采购订单均已得到处理、得到记录	采购信息管理员______将有关信息输入新中大系统，系统将自动生成连续编号的采购订单（此时系统显示为“待处理”状态）。每月，采购信息管理员______核对本月内生成采购订单，并将采购订单存档管理。 每月，财务部门应付账款记账员______汇总本月内生成的所有采购信息，并与请购单核对，编制采购信息报告。如核对相符，应付账款记账员______即在采购信息报告上签字。如有不符，应付账款记账员______将通知采购信息管理员______，与其共同调查该事项。应付账款记账员______还需在采购信息报告中注明不符事项及其调查结果				
已记录的固定资产均确实为公司购置的资产	公司董事会制定并批准了固定资产折旧的会计政策和会计估计，规定固定资产按实际成本入账，对当月增加的固定资产，自下月起计提折旧，当月减少的固定资产，当月不再计提折旧。 公司折旧费用由系统自动计算生成，固定资产记账员______在每月编制的月度内固定资产增、减变动情况分析报告中，对折旧费用的变动也会作出分析。 每年终了，会计主管______会同技术部门和资产使用部门，对固定资产的使用寿命、预计净残值、折旧方法进行复核，并检查固定资产是否出现减值迹象。技术部门根据复核和检查结果，编写固定资产价值分析报告				

续表

控制目标	被审计单位的控制活动	控制活动对实现控制目标是否有效(是/否)	控制活动是否得到执行(是/否)	控制活动是否有效运行(是/否)	控制测试结果是否支持实施风险评估程序获取的审计证据(支持/不支持)
已记录的固定资产均确实为公司购置的资产记录的固定资产是公司购置的资产	根据固定资产价值分析报告,如果出现固定资产减值迹象,会计主管______应对该等固定资产进行减值测试,计算其可回收额,编制固定资产价值调整建议。 会计估计变更建议和固定资产价值调整建议经财务经理______复核后,报董事会审批。只有经董事会批准后方可进行账务处理				
固定资产采购交易均确实已记录	每季末,资产使用部门对固定资产进行盘点,由设备管理员______编写固定资产盘点明细表,固定资产记账员______对盘点结果进行复盘,发现差异及时处理,如有差异,经董事会审批后及时进行账务处理				
固定资产:计价和分摊	资产使用部门对固定资产进行验收,办理验收手续,出具验收单,并与采购合同、发货单等凭据、资料进行核对。 收到固定资产发票后,应付账款记账员______将发票所载信息和验收单、采购订单、采购合同等进行核对。如所有单证核对一致,应付账款记账员______在发票上加盖"相符"印戳并将有关信息输入新中大系统,此时系统自动生成记账凭证过至明细账和总账,采购订单的状态也由"待处理"自动更改为"已处理"。 如发现任何差异,应付账款记账员______将立即通知采购经理______和资产使用部门经理,以实施进一步调查。如果采购经理______和资产使用部门经理认为该项差异可以合理解释,需在发票上注明其解释并特别批准授权将该发票输入新中大系统				

续表

控制目标	被审计单位的控制活动	控制活动对实现控制目标是否有效(是/否)	控制活动是否得到执行(是/否)	控制活动是否有效运行(是/否)	控制测试结果是否支持实施风险评估程序获取的审计证据(支持/不支持)
所有固定资产采购交易已于适当期间进行记录	每月末,应付账款主管______编制应付账款账龄分析报告,其内容还包括应付账款总额与应付账款明细账以及应付账款明细账与供应商对账单的核对情况。如有差异,应付账款主管______将立即进行调查,如调查结果表明需调整账务记录,应付账款主管______将编制应付账款调节表和调整建议,连同应付账款账龄分析报告一并交至会计主管______复核,经财务经理______批准后方可进行账务调整。资产使用部门对固定资产进行验收,办理验收手续,出具验收单,并与采购合同、发货单等凭据、资料进行核对。 收到固定资产发票后,应付账款记账员______将发票所载信息和验收单、采购订单、采购合同等进行核对。如所有单证核对一致,应付账款记账员______在发票上加盖“相符”印戳并将有关信息输入新中大系统,此时系统自动生成记账凭证过至明细账和总账,采购订单的状态也由“待处理”自动更改为“已处理”。 如发现任何差异,应付账款记账员______将立即通知采购经理______和资产使用部门经理,以实施进一步调查。如果采购经理______和资产使用部门经理认为该项差异可以合理解释,需在发票上注明其解释并特别批准授权将该发票输入新中大系统				
准确计提折旧费用、资产减值损失是准确的	公司董事会制定并批准了固定资产折旧的会计政策和会计估计,规定固定资产按实际成本入账,对当月增加的固定资产,自下月起计提折旧,当月减少的固定资产,当月不再计提折旧。 公司折旧费用由系统自动计算生成,固定资产记账员______在每月编制的月度内固定资产增、减变动情况分析报告中,对折旧费用的变动也会作出分析。 会计估计变更建议和固定资产价值调整建议经财务经理______复核后,报董事会审批。只有经董事会批准后方可进行账务处理				

续表

控制目标	被审计单位的控制活动	控制活动对实现控制目标是否有效(是/否)	控制活动是否得到执行(是/否)	控制活动是否有效运行(是/否)	控制测试结果是否支持实施风险评估程序获取的审计证据(支持/不支持)
折旧费用、资产减值损失已于适当期间进行记录	公司董事会制定并批准了固定资产折旧的会计政策和会计估计,规定固定资产按实际成本入账,对当月增加的固定资产,自下月起计提折旧,当月减少的固定资产,当月不再计提折旧。 公司折旧费用由系统自动计算生成,固定资产记账员______在每月编制的月度内固定资产增、减变动情况分析报告中,对折旧费用的变动也会作出分析。 每年终了,会计主管______会同技术部门和资产使用部门,对固定资产的使用寿命、预计净残值、折旧方法进行复核,并检查固定资产是否出现减值迹象。技术部门根据复核和检查结果,编写固定资产价值分析报告。 根据固定资产价值分析报告,如果出现固定资产减值迹象,会计主管______应对该等固定资产进行减值测试,计算其可回收额,编制固定资产价值调整建议。 会计估计变更建议和固定资产价值调整建议经财务经理______复核后,报董事会审批。只有经董事会批准后方可进行账务处理				
折旧费用、资产减值损失均进行记录	公司董事会制定并批准了固定资产折旧的会计政策和会计估计,规定固定资产按实际成本入账,对当月增加的固定资产,自下月起计提折旧,当月减少的固定资产,当月不再计提折旧。 公司折旧费用由系统自动计算生成,固定资产记账员______在每月编制的月度内固定资产增、减变动情况分析报告中,对折旧费用的变动也会作出分析。 每年终了,会计主管______会同技术部门和资产使用部门,对固定资产的使用寿命、预计净残值、折旧方法进行复核,并检查固定资产是否出现减值迹象。技术部门根据复核和检查结果,编写固定资产价值分析报告。 根据固定资产价值分析报告,如果出现固定资产减值迹象,会计主管______应对该等固定资产进行减值测试,计算其可回收额,编制固定资产价值调整建议。 会计估计变更建议和固定资产价值调整建议经财务经理______复核后,报董事会审批。只有经董事会批准后方可进行账务处理				

续表

控制目标	被审计单位的控制活动	控制活动对实现控制目标是否有效（是/否）	控制活动是否得到执行（是/否）	控制活动是否有效运行（是/否）	控制测试结果是否支持实施风险评估程序获取的审计证据（支持/不支持）
折旧费用、资产减值损失是真实的	董事会制定并批准了固定资产折旧的会计政策和会计估计，规定固定资产按实际成本入账，对当月增加的固定资产，自下月起计提折旧，当月减少的固定资产，当月不再计提折旧。 折旧费用由系统自动计算生成，固定资产记账员______在每月编制的月度内固定资产增、减变动情况分析报告中，对折旧费用的变动也会作出分析。 根据固定资产价值分析报告，如果出现固定资产减值迹象，会计主管______应对该固定资产进行减值测试，计算其可回收额，编制固定资产价值调整建议。 会计估计变更建议和固定资产价值调整建议经财务经理______复核后，报董事会审批。只有经董事会批准后方可进行账务处理				
已充分保障固定资产的安全	每季末，资产使用部门对固定资产进行盘点，由设备管理员______编写固定资产盘点明细表，固定资产记账员______对盘点结果进行复盘，发现差异及时处理。对经营性租入的机器设备，也设置了备查登记簿由固定资产记账员______进行登记。对主要固定资产已进行了商业保险				
已记录的固定资产处置及转移均为实际发生的，已充分地保障固定资产的安全	以固定资产卡片的方式进行实物管理。 每季末，资产使用部门对固定资产进行盘点，由设备管理员______编写固定资产盘点明细表，固定资产记账员______对盘点结果进行复盘，如有差异经董事会审批后及时进行账务处理。以固定资产卡片的方式进行实物管理。 每季末，资产使用部门对固定资产进行盘点，由设备管理员______编写固定资产盘点明细表，固定资产记账员______对盘点结果进行复盘，发现差异及时处理。对经营性租入的机器设备，也设置了备查登记簿由固定资产记账员______进行登记。对主要固定资产已进行了商业保险				

续表

控制目标	被审计单位的控制活动	控制活动对实现控制目标是否有效（是/否）	控制活动是否得到执行（是/否）	控制活动是否有效运行（是/否）	控制测试结果是否支持实施风险评估程序获取的审计证据（支持/不支持）
固定资产处置及转移均已记录，记录的固定资产处置代表实际的处置	对报废的固定资产，由资产使用部门填写固定资产报废单，交总经理______审核，对金额超过人民币______元的固定资产报废单，由董事会审批。固定资产记账员______根据经适当批准的固定资产报废单进行账务处理。 内部调拨固定资产，由调入、调出部门共同填写固定资产内部调拨单，交固定资产记账员______进行账务处理。每季末，资产使用部门对固定资产进行盘点，由设备管理员______编写固定资产盘点明细表，固定资产记账员______对盘点结果进行复盘，发现差异及时处理				
固定资产处置及转移均已准确记录	对报废的固定资产，由资产使用部门填写固定资产报废单，交总经理______审核，对金额超过人民币______元的固定资产报废单，由董事会审批。固定资产记账员根据经适当批准的固定资产报废单进行账务处理。 内部调拨固定资产，由调入、调出部门共同填写固定资产内部调拨单，交固定资产记账员______进行账务处理				
固定资产处置均已于适当期间进行，记录固定资产处置已得到准确记录	每月末，固定资产记账员______编制月度内固定资产增、减变动情况分析报告，交至会计主管______复核。固定资产记账员______根据经适当批准的固定资产报废单进行账务处理				

七、实训拓展

注册会计师郑杨、王丹在通过询问、观察、检查及穿行测试等程序了解中信达公司固定资产内部控制后认为：中信达公司除了下述存在的问题外，在其他方面执行了相关内部控制制度。

(1) 2021 年 12 月未对 2021 年 11 月购入并投入使用的 20 台计算机计提折旧。

(2) 2021 年 12 月固定资产明细账中有一台 2021 年 9 月报废的复印机，账面净值为 300 元，实物已于 9 月卖给废品收购公司，废品收入 200 元已入账。

请问中信达公司固定资产内部控制是否执行有效？

实训 3.3 应付账款函证

一般情况下，并不是必须函证应付账款，这是因为，函证并不能保证查出未记录的应付账款，况且，注册会计师能够取得采购发票等外部凭证来证实应付账款的金额。但如果控制风险较高，某应付账款明细账户金额较大或被审计单位处于财务困难阶段，则应进行应付账款的函证。对重要的原料供应商和关联方账户余额应进行重点审查。

带着问题做实训：

(1) 在实施应付账款函证时，审计人员应当以哪些社会主义核心价值观做引领？应坚持哪些审计职业道德？

(2) 应付账款函证与应收账款函证的区别是什么？

(3) 应付账款询证函一般采用什么格式？为什么？

一、实训目的

通过本实训使学生以社会主义核心价值观为引领，以职业道德为指导，能够：

(1) 在明确审计目标要求的前提下，进行应付账款函证对象、范围、时间和方式的选择；

(2) 熟悉应付账款函证的基本工作内容、方法和要点；

(3) 对函证回函情况进行基本分析；

(4) 巩固询证函操作技巧。

二、实训任务与步骤

(1) 根据实训资料进行函证对象、范围、方式、询证函格式等的选择；

(2) 书写应付账款函证信、加盖公司印章、交寄信函；

(3) 根据实训资料分析回函差异所在。

三、实训学时

2 学时。

四、实训资料

2022 年 3 月 7 日注册会计师李明在对星晨公司 2021 年 12 月 31 日的应付账款项目进行审计时，通过查阅星晨公司 2021 年 12 月 31 日应付账款明细账得知，星晨公司应付账款明细账户情况如表 3-5 所示(假设下列各应付账款的债权人均不属星晨公司的关联企业)。

表 3-5 星晨公司应付账款明细账户情况 单位：元

明细账户	期初余额		本期发生额		期末余额	
	借 方	贷 方	借 方	贷 方	借 方	贷 方
威陆公司		60 000	2590 000	2600 000		70 000
远大公司		249 000	1000 000	852 000		101 000
正阳公司		380 000	188 000	355 200		547 200
物华工司		200 900	500 000	390 100		91 000
奥翔商厦		200 500	220 000	195 500		176 000
超力公司		87 000				87 000
欣欣公司		76 800	445 000	358 200	10 000	
五帆公司		7 000	7 000	1 000		1 000

五、实训方式

本实训采取单人手工实训方式。

六、实训拓展

如果函证对象中大多数没有回复询证函，注册会计师应该如何查证该公司应付账款的真实性和正确性？

七、相关法规

《中国注册会计师审计准则第 1312 号——函证》

实训 3.4 固定资产与累计折旧实质性程序

固定资产在企业资产中占较大比重，虽然固定资产的增减变动没有存货增减变动那么频繁，但是固定资产的增减变动在其存续期间，通过对累计折旧对企业的利润产生持续影响。

带着问题做实训：

（1）在实施固定资产与累计折旧审计时，审计人员应当以哪些社会主义核心价值观做引领？应坚持哪些审计职业道德？

（2）固定资产的价值由哪些因素决定？不同来源的固定资产其初始成本计价方法一样吗？

（3）固定资产折旧计提方式有几种？不同的折旧方法对利税产生什么样的影响？

（4）固定资产计提折旧的范围和起始时间，对利税的影响如何？

一、实训目的

通过本实训使学生以社会主义核心价值观为引领，以职业道德为指导，能够：

（1）在明确审计目标要求的前提下，结合固定资产和折旧业务特点，按审计程序要求执行固定资产和累计折旧实质性程序；

（2）熟悉固定资产增减变动和累计折旧的实质性程序、工作内容和方法；

（3）掌握固定资产和累计折旧审计工作底稿的编制方法；

（4）掌握固定资产和累计折旧审计差错的调整方法和技巧。

二、实训任务与步骤

（1）仔细阅读实训资料，运用所学知识分析被审计单位的业务处理是否正确；如果不正确，请做出正确的审计处理；

（2）根据实训资料，按照审计程序填写“固定资产、累计折旧及减值准备明细表”“固定资产增加检查表”“固定资产减少检查表”“固定资产审定表”；

（3）对发现的审计错误进行会计调整。

三、实训学时

4 学时。

四、实训资料

鸿达会计师事务所 2022 年 2 月 17 日接受宏远公司董事会委托，对宏远公司 2021 年度会计报表审计。宏远公司为生产、加工、销售电机设备的企业。在审计计划中确定的固定资产项目的重要性水平为 50 万元。该公司所得税税率为 25%，盈余公积计提比例为 10%，公益金计提比例 5%。注册会计师李琳负责该公司固定资产、累计折旧审计，李琳在对固定资产、累计折旧进行实质性测试过程中通过以下审计程序实施了审计。

1. 索取固定资产及累计折旧明细表，复核加计是否正确，并与总账和明细账合计数核对

注册会计师李琳取得了全部固定资产的明细表，对其进行了复核，经查与明细账、总

账核对一致。李琳还将期初余额与上年底稿中的审定数予以核对，证实公司已按上年审计要求予以调整，年初数核对一致。

2. 检查本期固定资产增加

李琳通过审查发现该公司 2021 年有下列固定资产增加业务。

(1) 3 月 8 日转字 100# 记账凭证标明自建办公用房一栋，办理竣工决算达到了预定可使用状态，工程成本 1 000 000 元；

(2) 6 月 5 日转字 32# 记账凭证标明自建营业用房一栋，办理竣工决算达到了预定可使用状态，结转固定资产，工程成本 800 000 元；

(3) 6 月 18 日转字 150# 记账凭证标明自建生产车间，办理竣工决算达到了预定可使用状态，结转固定资产，工程成本 780 000 元；

(4) 7 月 1 日银付 10# 记账凭证及相关原始凭证标明外购办公设备空调 20 台，每台原值 3 500 元，增值税 455 元；

(5) 10 月 16 日银付 113# 记账凭证及相关原始凭证标明购入卡车 3 辆，每辆 300 000 元，增值税 39 000 元，当月投入使用；

(6) 9 月 9 日转字 180# 记账凭证标明改建工程完工，办理竣工决算达到了预定可使用状态，工程成本 600 000 元；

(7) 12 月 30 日银付 202# 凭证及相关原始凭标明外购轿车 2 辆，每辆 200 000 元，增值税 26 000 元。

李琳对上述增加的固定资产进行了详细检查、核对，发现以下问题。

(1) 本年度新增的固定资产中，10 月 1 日转字 180# 记账凭证标明改建工程完工，实属管理用办公楼装修装潢的费用支出结转，计入了固定资产的价值(办公楼装修装潢未增加其功能，装修的间隔期为3 年，当时确认的固定资产的折旧年限为 3 年)；

(2) 有未办理竣工决算手续现行估价的固定资产价值 15 000 000 元，低于原预算价值的 25%(原预算为 20 000 000 元)。审计师现场观察和了解施工的结算情况，预计实际支出为 21 500 000 元；

(3) 自建工程办公用房所需工程款为专门为建造办公用房借入长期借款，李琳检查了相关借款合同，该笔借款 500 000 元，于 2020 年 1 月 1 日借入，年利率为 6%，借款期限 2 年，到期还本付息。于 2020 年4 月1 日开始建造办公楼，当日以 200 000 元预付了工程款。在检查相关凭证时发现：该工程资本化利息共计 75 000 元(已知企业该笔借款从借入至 2021 年 4 月1 日发生存款利息收入 10 000 元)，计入该项工程的其他相关借款利息支出共计 20 000 元。

3. 检查本期固定资产的减少

在审查减少的固定资产时，李琳首先审查了固定资产减少的相关批准文件，并核对了合同、收款单据等相关凭证。此外李琳还结合“固定资产清理”和“待处理财产损益”科目查验了固定资产账面转销情况。发现该公司本期减少固定资产 2 项。

(1) 报废 2018 年 8 月购入并投入使用的运输卡车 1 辆，原值 140 000 元，累计折旧 120 000 元，公司对于这一报废卡车的处理为

① 借:固定资产清理　　20 000
　　累计折旧　　120 000
　贷:固定资产　　140 000
② 借:营业外支出　　20 000
　贷:固定资产清理　　20 000

(2) 报废 2019 年 12 月购入并投入使用的办公设备一台,原值 40 000 元,增值税 5 200元,累计折旧 8 000 元,公司对于这一办公设备报废的处理为

① 借:固定资产清理　　32 000
　　累计折旧　　8 000
　贷:固定资产　　40 000
② 借:营业外支出——非常损失　　32 000
　贷:固定资产清理　　32 000

随后,李琳又调阅了该公司该项固定资产卡片,发现该设备使用才 2 年,且无任何大修记录,同时询问了相关资产管理人员和财会人员,方知该设备并未报废,实为出售,但账上并无出售收入的处理。

4. 检查固定资产的所有权或控制权

李琳审阅了被审计单位的产权证书、财产保险单、财产税单、抵押贷款的相关合同等合法文件。对于新增的固定资产,李琳索取了产权证书的副本,同时进一步审阅了相关合同、发票、付款凭证并与财税单核对。李琳在审计过程中未发现异常。

5. 固定资产折旧审计

李琳在核对固定资产明细表后,首先对折旧计提的总体合理性进行了复核。其次,计算了本期计提折旧额占固定资产原值的比率,并与上期比较,分析本期折旧计提额的合理性和准确性。此外,还计算了累计折旧占固定资产原值的比率,评估固定资产老化率,并估计因闲置、报废等原因可能发生的固定资产损失。在进行分析性复核后,李琳审查了折旧的计提和分配,并将"累计折旧"账户贷方的本期计提额与相应的成本费用中的折旧费明细账户的借方相比较,以查明计提折旧计提额是否已全部摊入了本期的成本或费用。最后,李琳对某些折旧的计算过程追查至固定资产登记卡,并且特别注意有无已经提足折旧而继续使用超提折旧的情况和在用固定资产不提折旧或少提折旧的情况。

在上述审计过程中,李琳发现以下问题。

(1) 办公设备 5—9 月的折旧额明显高于其他月份。结果查出公司所有的夏季使用的空调设备,只按实际使用月份(5—9 月)提取折旧,其他月份未提。因此,少提了 7 个月的折旧,少提折旧额为 140 000 元。

(2) 还发现该公司按固定资产类别分类计提折旧,但未从其中扣除"已提足折旧继续使用固定资产"的价值,已提足折旧继续使用的固定资产的本期折旧额为 210 000 元。

6. 重点观察固定资产

一般来说,观察固定资产的实际存在主要是实地检查被审计单位年度内增加的主要固定资产,并不一定全面观察所有固定资产。观察范围的确定需要依赖于被审计单位内部控制的强弱、固定资产的重要性水平和注册会计师的经验。通过分析，李琳决定对期初存在的固定资产中的30%抽盘，而对当期新增加的固定资产进行百分之百盘点。

李琳以经过核对相符的固定资产明细账为起点，进行了实地追查，以证明会计记录中所列固定资产确实存在，了解其目前的使用状况，并注意观察固定资产的保养和使用情况，运行是否正常等。

在抽盘过程中，李琳发现该公司9月15日接受某公司捐赠的客货车两辆，价值95万元，增值税12.35万元，未进行账务处理。

五、实训方式

本实训采取单人手工实训方式。

六、实训工具

审计工作底稿“固定资产、累计折旧及减值准备明细表”“固定资产增加检查表”“固定资产减少检查表”“固定资产审定表”电子稿或纸质稿，见表3-6～表3-9。

表3-6 固定资产、累计折旧及减值准备明细表

被审计单位：________________ 索引号：________________

项目：　固定资产　 财务报表截止日/期间：________

编制：________________ 复核：________________

日期：________________ 日期：________________

项 目 名 称	期初余额	本期增加	本期减少	期末余额	备注
一、固定资产原价合计					
其中：房屋、建筑物	29 982 600	3 180 000	—		
办公设备	4 089 950	549 900	40 000		
其他设备	8 273 300	1 053 000	140 000		
二、累计折旧合计					
其中：房屋、建筑物	6 234 630	88 500	—		
办公设备	870 200	2 275	8 000		
其他设备	313 490	11 700	120 000		
三、减值准备合计					
其中：房屋、建筑物					
办公设备					
其他设备					
四、账面价值合计					
其中：房屋、建筑物					
办公设备					
其他设备					
审计说明：					

编制说明：备注栏可填列固定资产的折旧方法、使用年限、剩余使用年限、残值率和年折旧率等情况。

表 3-7　固定资产增加检查表

被审计单位：______　　　　索引号：______

项目：　固定资产　　　　财务报表截止日/期间：______

编制：______　　　　复核：______

日期：______　　　　日期：______

固定资产名称	取得日期	取得方式	固定资产类别	增加情况		凭证号	核对内容（用“√”“×”表示）						
				数量	原价		1	2	3	4	5	6	7

核对内容说明：1. 与发票是否一致；2. 与付款单据是否一致；3. 与购买/建造合同是否一致；4. 与验收报告或评估报告等是否一致；5. 审批手续是否齐全；6. 与在建工程转出数核对是否一致；7. 会计处理是否正确（入账日期和入账金额）

审计说明：

表 3-8　固定资产减少检查表

被审计单位：________　　　　索引号：________

项目：固定资产　　　　财务报表截止日/期间：________

编制：________　　　　复核：________

日期：________　　　　日期：________

固定资产名称	取得日期	处置方式	处置日期	固定资产原价	累计折旧	减值准备	账面价值	处置收入	净损益	凭证号	核对内容(用“√”“×”表示)				
											1	2	3	4	5
核对内容说明：1. 与收款单据是否一致；2. 与合同是否一致；3. 审批手续是否完整；4. 会计处理是否正确；5. ……															
审计说明：															

表 3-9 固定资产审定表

被审计单位：＿＿＿＿＿＿ 索引号：＿＿＿＿＿＿
项目： 固定资产 财务报表截止日/期间：＿＿＿＿＿＿
编制：＿＿＿＿＿＿ 复核：＿＿＿＿＿＿
日期：＿＿＿＿＿＿ 日期：＿＿＿＿＿＿

项目名称	期末未审数	账项调整		重分类调整		期末审定数	上期末审定数
		借方	贷方	借方	贷方		
一、固定资产原价合计							
其中：房屋、建筑物							
办公设备							
其他设备							
二、累计折旧合计							
其中：房屋、建筑物							
办公设备							
其他设备							
三、减值准备合计							
其中：房屋、建筑物							
办公设备							
其他设备							
四、账面价值合计							
其中：房屋、建筑物							
办公设备							
其他设备							
审计结论：							

提示："固定资产审定表"中，固定资产的"本年增加"和"本年减少"分别按本期固定资产实物的真实增加和减少的金额填列。

七、实训拓展

假若注册会计师孟超然在审计中还有以下发现。

(1) 3月8日转字100#记账凭证所标明的自建办公用房一栋，工程成本1000 000元，达到了预定可使用状态，办理竣工决算的时间实际为8月3日。

(2) 10月16日银付113#记账凭证及相关原始凭证标明购入卡车3辆，每辆300 000元，增值税39 000元，当月投入使用。卡车为产品运输所用。增值税计入卡车成本计提折旧。

(3) 12月30日银付202#凭证及相关原始凭证标明外购轿车2辆，每辆200 000元，增值税26 000元。经查轿车所有权证，实际拥有人为董事长和总经理。

请问注册会计师孟超然是否同意该公司的会计处理，应该如何处理？

实训3.5 管理费用实质性程序

企业为组织和管理生产经营所发生的费用均归入管理费用加以核算。管理费用的构成比较复杂，内容丰富，涉及多个部门，是企业成本费用支出较为重要的内容，也是财务报表审计的重要内容。

带着问题做实训：

(1) 在实施管理费用审计时，审计人员应当以哪些社会主义核心价值观做引领？应坚持哪些审计职业道德？

(2) 管理费用在企业成本费用中的地位、特点、其所包含的内容是什么？

(3) 管理费用与其他成本费用的区别与联系是什么？

(4) 企业如何通过管理费用对企业利税进行调节？

一、实训目的

通过本实训使学生以社会主义核心价值观为引领，以职业道德为指导，能够：

(1) 在明确审计目标要求的前提下，进行管理费用实质性程序；

(2) 熟悉管理费用审计的基本工作内容、方法和要点；

(3) 发现和处理管理费用常见的舞弊行为。

二、实训任务与步骤

(1) 仔细阅读实训资料，指出存在的问题；

(2) 对发现的问题进行审计调整；

(3) 填写审计工作底稿“记账凭证测试表”“管理费用检查情况表”。

三、实训学时

2学时。

四、实训资料

2022年2月10日，注册会计师陈志勇在审计郑州市云裳服装公司2021年管理费用

时发现表 3-10～表 3-20 所示经济业务存在疑问。

1. 经济业务 1

表 3-10 记账凭证

2021 年 10 月 14 日　　　　　　　　记字第 8 号

摘要	会计科目		借方金额										贷方金额										记账√
	总账科目	明细账科目	千	百	十	万	千	百	十	元	角	分	千	百	十	万	千	百	十	元	角	分	
维修费	管理费用	其他						8	6	9	0	0											
	库存现金																	8	6	9	0	0	
附件 3 张	合 计						¥	8	6	9	0	0					¥	8	6	9	0	0	

会计主管:　　记账:　　出纳:　　审核:　　制证:

表 3-11 现金支出凭单

2021 年 10 月 14 日　　　　　　　　第 10 号

付给 三车间马海明

修理缝纫机 款

计人民币(大写)捌佰陆拾玖元整　　¥869.00

现金付讫

收款人(盖章)马海明

审批人:　　主管会计:　　记账员:　　出纳员:刘君

表 3-12 费用报销单

填报日期:2021 年 10 月 14 日

部门	三车间	姓名	马海明
报销事由	修理缝纫机		
报销单据 1 张 合计金额(大写)捌佰陆拾玖元整　¥ 869.00			
单位主管	韩冬林	部门主管	高健

会计主管:张燕洋　　审核:　　出纳:刘君　　填报人:马海明

(经注册会计师陈志勇进一步审查,一车间 10 月所审查产品在 2021 年已全部出库售罄。)

表 3-13　河南增值税普通发票

发　票　联

4100213320　　　　No. 123456789
开票日期：2021.10.12

购买方	名　称：郑州市云裳服装公司 纳税人识别号：91410121123786492X 地址、电话：郑州市八一路123号 0371-8392139 开户行及账号：工行郑州市分行 180100112200100888				密码区			
货物或应税劳务、服务名称	规格型号	单位	数量	单价	金额	税率	税额	
修理费					843.69	3%	25.31	
合计					￥843.69		￥25.31	
价税合计（大写）	⊗捌佰肆拾肆元肆角整				（小写）￥869.00			
销售方	名　称：郑州久久机械修理厂 纳税人识别号：91410312345678908X 地址、电话：郑州市洪桥路309号 0371-8427096 开户行及账号：建行洪桥支行 1603005836803366				备注	郑州久久机械修理厂 91410312345678908X 发票专用章		

收款人：　　复核：　　开票人：江涛　　销售方：（章）

第二联：发票联　购买方记账凭证

2. 经济业务 2

表 3-14　记账凭证

2021 年 12 月 18 日　　　　记字第 11 号

摘要	总账科目	明细账科目	借方 千	百	十	万	千	百	十	元	角	分	贷方 千	百	十	万	千	百	十	元	角	分	记账√
运杂费	管理费用	其他					1	7	0	0	0	0											
	银行存款																1	7	0	0	0	0	
附件 3 张	合计					￥	1	7	0	0	0	0				￥	1	7	0	0	0	0	

会计主管：　　记账：　　出纳：　　审核：　　制证：

表 3-15　支票存根

中国工商银行存款支票存根

支票号码：00812233

科　目：

对方科目：

出票日期：2021.12.08

收款人：	郑州恒通公司
金　额：	￥1 700.00
用　途：	运杂费
备　注：	

单位主管：　　会计：

复核：　　记账：

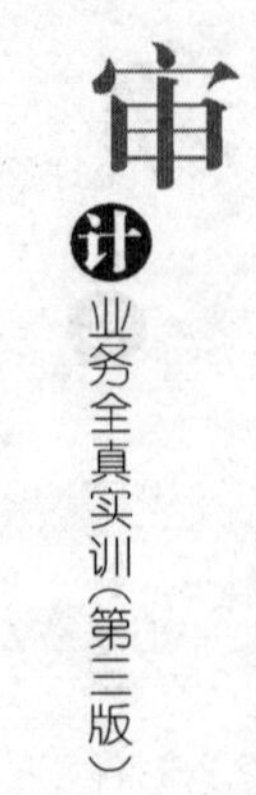

表 3-16　中国工商银行河南分行　进账单(收账通知) 3

2021 年 12 月 08 日　　　　　第　号

汇款人	全称	郑州市云裳服装公司	收款人	全称	郑州市恒通物流公司
	账号	1702029306203072147		账号	1702016304560798623
	开户银行	工商银行新郑支行北关分理处		开户银行	工商银行新郑支行北关分理处

金额	人民币(大写)壹仟柒佰元整	千	百	十	万	千	百	十	元	角	分
					¥	1	7	0	0	0	0

票据种类	转账支票	工商银行新郑支行北关分理处 2021.12.08 转账 转讫
票据张数	1 张	
单位主管：　会计： 复核：　记账：		出票开户银行盖章

表 3-17　付款申请书

申请部门：财务部

付款编号：101208

收款公司：郑州恒通物流公司

付款理由：代河北环宇铝制品有限公司垫付货物运杂费

开户银行：中国工商银行新郑支行北关分理处

银行账号：1702016304560798623

金　　额：¥1 700.00

大　　写：壹仟柒佰元整

发票编号：

由有关负责部门填写

付款方式：	√ 1/转账　2/电汇　3/信汇　4/现金	
付款银行：	中国工商银行新郑支行北关分理处	
银行账号：	1702029306203072147	
付款金额：	¥1 700.00	
申请人：王道宽	日期：2021.12.08	财务经办人：高玉才
部门主管：柴晓峰 日期：2021.12.08	财务经理：裴艳艳 日期：2021.12.08	总经理：于王宇 日期：2021.12.08

3. 经济业务 3

表 3-18 记账凭证

2021 年 12 月 28 日　　　　记字第 84 号

摘要	会计科目		借方金额										贷方金额										记账√
	总账科目	明细账科目	千	百	十	万	千	百	十	元	角	分	千	百	十	万	千	百	十	元	角	分	
领用劳保用品	管理费用	劳保费					7	0	4	5	0	0											
	原材料	劳动保护品															7	0	4	5	0	0	
附件 2 张	合计					¥	7	0	4	5	0	0				¥	7	0	4	5	0	0	

会计主管：　　记账：　　出纳：　　审核：　　制证：

表 3-19 领料单

领料部门 一车间　　（三联式）　　领字第 25 号

用途 一般耗用　　2021 年 12 月 27 日

材料			单位	数量		成本							
							总价						
编号	名称	规格		请领	实发	单价	万	千	百	十	元	角	分
	手套		双	30	30	4.50			1	3	5	0	0
	工作服		套	15	15	128.00		1	9	2	0	0	0
	肥皂		块	90	90	4.50			4	0	5	0	0
	毛巾		条	60	60	5.00			3	0	0	0	0
	合计							2	7	6	0	0	0

第一联：仓库部门存查

会计：　　记账：　　保管：　　发料：张军奇　　领料：文加佳

表 3-20 领料单

领料部门：公司科室　　（三联式）　　领字第 26 号

用途：下车间　　2021 年 12 月 27 日

材料			单位	数量		成本							
							总价						
编号	名称	规格		请领	实发	单价	万	千	百	十	元	角	分
	手套		双	50	50	4.50			2	2	5	0	0
	工作服		套	20	20	168.00		3	3	6	0	0	0
	肥皂		块	100	100	4.50			4	5	0	0	0
	毛巾		条	50	50	5.00			2	5	0	0	0
	合计							4	2	8	5	0	0

第一联：仓库部门存查

会计：　　记账：　　保管：　　发料：张军奇　　领料：黄文琦

（注册会计师陈志勇通过询问得知，公司科室所领用劳保用品为公司干部 2022 年1 月下车间与工人同劳动所用，但是工作服是为中层干部特制的。）

五、实训方式

本实训为单人手工实训。

六、实训工具

审计工作底稿“记账凭证测试表”“管理费用检查情况表”电子稿或纸质稿，见表 3-21。

表 3-21　管理费用检查情况表

被审计单位：________　　索引号：SE3

项目：管理费用检查情况表　　财务报表截止日/期间：________

编制：________　　复核：________

日期：________　　日期：________

记账日期	凭证编号	业务内容	对应科目	金额	核对内容（用“√”“×”表示）					备注
					1	2	3	4	5	

核对内容说明：1. 原始凭证是否齐全；2. 记账凭证与原始凭证是否相符；3. 账务处理是否正确；4. 是否记录于恰当的会计期间；5. ……

审计说明：

七、实训拓展

（1）注册会计师陈志勇需要对该公司的招待费进行审计，他应该采取哪些审计程序、搜集哪些审计证据？

（2）注册会计师陈志勇需要对该公司的通信费进行审计，他应该采取哪些审计程序、搜集哪些审计证据？

八、相关法规

（1）《企业内部控制应用指引第 7 号——采购业务》

（2）《企业内部控制应用指引第 8 号——资产管理》

项目 4
Xiangmu 4

生产与仓储循环审计

实训 4.1 存货计价测试

存货计价方法的选择是制定企业会计政策的一项重要内容。存货计价方法的不同将会导致企业不同的利润报告和存货估价，并对企业多个会计期间的税收负担、现金流量等产生影响。

带着问题做实训：

(1) 在实施存货计价测试时，审计人员应当以哪些社会主义核心价值观做引领？应坚持哪些审计职业道德？

(2) 存货的会计核算方法有几种？各有什么特点？

(3) 存货发出计价方法有几种？发出成本和期末成本如何计算？

(4) 存货期初余额、本期发出计价和期末余额对企业的会计报表有哪些影响？如何影响的？

一、实训目的

通过本实训使学生以社会主义核心价值观为引领，以职业道德为指导，能够：

(1) 在明确审计目标要求的前提下，进行存货发出计价的测试；

(2) 熟悉存货发出计价测试的基本工作内容、方法和要点；

(3) 通过存货发出计价测试，分析企业存货计价可能存在的问题。

二、实训任务与步骤

(1) 认真阅读和分析实训资料；

(2) 选择恰当的存货计价方法测试被审计单位存货发出计价是否正确；

(3) 填写审计工作底稿“存货计价审定表”；

(4) 对发现的差错进行审计调整。

三、实训学时

2 学时。

四、实训资料

注册会计师王凯成 2022 年 2 月 28 日在审计东方公司 2021 年的存货项目时，发现该公司甲材料的计价情况如表 4-1 所示。

表 4-1 甲材料计价情况

月 份	本月购进			本月发出			本月结存		
	数量/个	单价/元	金额/元	数量/个	单价/元	金额/元	数量/个	单价/元	金额/元
11 月 30 日							3 500	258	903 000
12 月 1 日	13 000	256	3 328 000						
3 日				5 000	258	1 290 000			
10 日	10 000	257	2 570 000						
15 日				10 000	258	2 580 000			
20 日	3 000	259	777 000						
26 日				7 000	259	1 813 000			
28 日							7 500		1 895 000

东方公司原材料采用实际成本法进行核算，原材料发出计价采用加权平均法。该批原材料所生产产品的 80%已于 12 月 31 日售出。东方公司所得税税率为 25%，盈余公积金计提比例为 10%，公益金计提比例为 5%。

五、实训方式

本实训采取单人手工实训方式。

六、实训工具

审计工作底稿“存货计价审计表”的电子稿或纸质稿，如表 4-2 所示。

七、实训拓展

（1）如果东方公司原材料发出计价采用的是先进先出法，其本期发出成本和期末余额是否正确？

（2）如果东方公司原材料采用计划成本进行核算，甲材料计划单价为 245 元，12 月初材料成本差异为超支 10 500 元，12 月末该公司甲材料成本差异为 18 000 元。请计算和判断甲材料的本期发出成本和期末成本是否正确。

表 4-2 存货计价审计表

被审计单位：________ 索引号：________
项目：________ 财务报表截止日/期间：________
编制：________ 复核：________
日期：________ 日期：________
品名及规格：________

月份	增加			减少			结存		
	数量/个	单价/元	金额/元	数量/个	单价/元	金额/元	数量/个	单价/元	金额/元
期初数									
1月									
2月									
3月									
4月									
5月									
6月									
7月									
8月									
9月									
10月									
11月									
12月									
合计									
计价方法：									
审计说明：									

注：本表适用于原材料、库存商品、发出商品等。

八、相关法规

《中国注册会计师审计准则第1311号——对存货、诉讼和索赔、分部信息等特定项目获取审计证据的具体考虑》

实训4.2 应付职工薪酬实质性程序

职工薪酬，是指企业为获得职工提供的服务而给予各种形式的报酬以及其他相关支出。职工薪酬不仅包括企业一定时期支付给全体职工的劳动报酬总额，也包括按照工资的一定比例计算并计入成本费用的其他相关支出。职工薪酬对企业的利税均产生影响。

带着问题做实训：

（1）在实施应付职工薪酬审计时，审计人员应当以哪些社会主义核心价值观做引领？应坚持哪些审计职业道德？

（2）应付职工薪酬主要包括哪些内容？非货币性福利如何进行核算？

（3）与工资有关的三项费用计提基数和比例如何？其对企业利税有何影响？

一、实训目的

通过本实训使学生以社会主义核心价值观为引领，以职业道德为指导，能够：

（1）在明确审计目标要求的前提下，进行应付职工薪酬实质性程序；

（2）熟悉应付职工薪酬及三项费用审计的基本工作内容、方法和要点；

（3）通过应付职工薪酬及三项费用审计，分析和处理企业应付职工薪酬可能存在的问题。

二、实训任务与步骤

（1）仔细阅读资料，熟悉被审计单位“五险一金”“三项费用”的计提比例；

（2）计算核实被审计单位“五险一金”“三项费用”的计提是否正确；

（3）对发现的问题进行审计调整，并填写审计工作底稿“应付职工薪酬审定表”。

三、实训学时

2学时。

四、实训资料

注册会计师赵丹青于2022年1月8日审计东方股份有限公司2021年应付职工薪酬账户，项目经理李珍对其工作底稿的复核时间为1月9日。东方股份有限公司公司应付职工薪酬及“三项费用”和“五险一金”采用“先提后用”的方法核算，计提比例及情况如表4-3所示。

表4-3　应付职工薪酬明细情况表　　单位：元

项　目	期初数	本期增加	本期减少	期末数
1. 工资		20 481 858.82	20 481 858.52	
2. 奖金				
3. 津贴				
4. 补贴		632 943.50	632 943.50	
5. 职工福利(14%)		2 637 215.29	2 637 215.29	
6. 社会保险费：		5 184 904.71	5 184 904.71	
(1) 医疗保险费(8%)		2 111 480.23	2 111 480.23	
(2) 养老保险费(20%)		2 533 776.28	2 533 776.28	
(3) 失业保险费(2%)		422 296.05	422 296.05	
(4) 工伤保险费(1%)		105 574.01	105 574.01	
(5) 生育保险费(1%)		11 778.41	11 778.41	

续表

项　　目	期初数	本期增加	本期减少	期末数
7. 住房公积金(10.5%)		2 217 054.24	2 217 054.24	
8. 工会经费(2%)		420 636.65	420 636.65	
9. 职工教育经费(2%)	228 020.18	305 984.09	297 856.04	236 148.23
10. 非货币性福利		58 690.39	58 690.39	
11. 劳务费		4 546 259.41	4 546 259.41	
合　计	228 020.18	36 485 547.10	36 477 419.05	236 148.23

该公司职工工资均在当地最高和最低工资范围之间，育龄职工工资总额为 1 472 301.25 元；非货币性福利、劳务费经注册会计师赵丹青审查未发现疑问。

注：假定相关产品均已售出，差错一律计入当期。

五、实训方式

本实训为单人手工实训。

六、实训工具

审计工作底稿“应付职工薪酬审定表”电子稿或纸质稿，如表 4-4 所示。

表 4-4　应付职工薪酬审定表

被审计单位：____________　　索引号：____________

项目：____________　　财务报表编制日/期间：____________

编制：____________　　复核：____________

日期：____________　　日期：____________

项目名称	期末未审数	账项调整		重分类调整		期末审定数	上期审定数	索引号
		借方	贷方	借方	贷方			
1. 工资								
2. 奖金								
3. 津贴								
4. 补贴								
5. 职工福利								
6. 社会保险费：								
(1) 医疗保险费								
(2) 养老保险费								
(3) 失业保险费								
(4) 工伤保险费								
(5) 生育保险费								
7. 住房公积金								
8. 工会经费								
9. 职工教育经费								
10. 非货币性福利								
11. 劳务费								
合　计								
审计说明：								
审计结论：								

七、实训拓展

（1）注册会计师赵丹青在对东方股份有限公司进行“应付职工薪酬”进行审计时，如何获取该公司职工总额正确性的审计证据？

（2）对于“五险一金”“三项费用”，注册会计师赵丹青除了计算核实其计提的正确性外，还应实施哪些相关内容的审计、如何获取审计证据？

实训4.3 产品生产成本实质性程序

在存货审计中，我们会运用获取或编制存货明细表、实施分析性复核、实地监督存货盘点等审计程序，并且存货项目各审计程序之间彼此相互联系，所查验的审计证据之间也可以相互佐证，因此，存货审计方法的综合运用能力是对审计人员的专业素质和相关业务知识要求的一大挑战。

带着问题做实训：

（1）在实施产品生产成本审计时，审计人员应当以哪些社会主义核心价值观做引领？应坚持哪些审计职业道德？

（2）产品生产成本包含哪些项目？成本核算方法有几种？

（3）搜集产品成本审计证据的方法和程序是什么？如何有效地使用？

（4）企业在产品成本核算环节进行舞弊的目的是什么？

一、实训目的

通过本实训使学生以社会主义核心价值观为引领，以职业道德为指导，能够：

（1）在明确审计目标要求的前提下，进行产品成本实质性程序；

（2）熟悉产品成本审计的基本工作内容、方法和要点；

（3）发现和处理产品成本核算中常见的舞弊行为。

二、实训任务与步骤

（1）仔细阅读资料，指出注册会计师高扬所采用的审计方法和程序。

（2）仔细阅读资料，指出注册会计师高扬所执行的审计程序是否正确？是否还需要增加其他审计程序？审计的先后顺序是否需要调整？

（3）根据资料分析被审计单位存在哪些问题？如何进行审计处理？

三、实训学时

2 学时。

四、实训资料

注册会计师高扬于 2022 年 1 月 25 日在对霓裳服装公司进行产品成本审计收集到以下资料。

(1) 霓裳服装公司产品成本采用批量法核算。

(2) 2021 年 1—10 月产成品只设总账见表 4-5,未按批次设明细账。

表 4-5 产成品总账 单位:元

产品批次	货号	数量/件	单位成本	期末余额
01	1001	40 348	34.06	1 374 252.88
01	1002	5 624	32.89	184 973.36
01	1003	48 870	34.11	1 666 955.70
02	1004	6 240	33.08	206 419.20
02	1005	44 079	33.71	1 485 903.09
02	1006	1 073	33.64	36 095.72
02	1007	7 589	33.71	255 825.19
02	1008	1 143	33.51	38 301.93
小计		154 966		5 248 727.07

(3) 2021 年产成品收支存情况如表 4-6 所示。

表 4-6 产成品收发存明细表 单位:元

月 份	本期产品入库	本期销售结转	余 额
1月1日			0
1月	1 888 183.92	1 000 238.90	887 945.02
2月	886 940.79	836 940.79	937 945.02
3月	2 041 350.67	2 038 508.70	940 786.99
4月	2 308 507.06	1 500 879.60	1 748 414.45
5月	2 250 903.09	1 258 486.42	2 740 831.12
6月	2 374 351.12	2 005 864.44	3 109 317.80
7月	2 034 862.21	1 956 886.44	3 187 293.57
8月	2 194 957.43	1 658 370.66	3 723 880.34
9月	2 442 379.10	1 688 733.60	4 477 525.84
10月	2 519 614.74	1 879 030.80	5 118 109.78
11月	2 898 625.00	2 798 367.45	5 218 367.33
12月	1 087 233.64	1 056 873.90	5 248 727.07
合 计	24 927 908.77	19 679 181.70	5 248 727.07

(4) 批次 01、02 项合同签订日均为 2021 年 10 月中旬。

(5) 批次 01、02 项的 11—12 月生产成本变动情况如表 4-7 所示。

表 4-7 生产成本变动情况 单位:元

批次号	10 月 30 日余额	11 月增加金额	12 月增加金额	减少金额	12 月 31 日余额
01	740 372.02	0	583 493.64	0	1 323 865.66
02	1 626 360.46	36 180.96	393 592.92	0	2 056 134.34
小计	2 366 732.48	36 180.96	977 086.57	0	3 380 000.00

(6) 生产车间的生产记录如下。

该公司车间的生产部每天都会编制《生产进度表》,以便即时掌握生产进度等相关信息。《生产进度表》是从某批次项下的货号投料生产起开始记录,直至产品完工后就不再纳入记录范围。该表主要记录以下信息。

① 批次号;

② 货号;

③ 计划套数(即合同约定的套数);

④ 分解件数(即按合同约定分解的件数,如夹克、衬衫和裤子组成一套,就分解为 3 件);

⑤ 累计落机件数(已成形产品,但尚未验收的件数);

⑥ 送检件数(送相关质检机构验收的产品件数)。

(7) 生产部提供的 2021 年 12 月 31 日《生产进度表》,对比批次 01、02 项下期末产成品各货号结果如表 4-8 所示。

表 4-8 生产进度表

批次	货号	计划套数/套	分解件数/件	累计落机件数/件	送检品件数/件
01	1001	20 174	40 348	40 765	11 100
01	1002	无	无	无	无
01	1003	无	无	无	无
02	1004	无	无	无	无
02	1005	32 634	97 902	40 579	无
02	1006	488	1 464	1 073	无
02	1007	24 794	74 382	7 589	无
02	1008	1 183	3 549	1 143	无
小计				91 149	11 100

(8) 2022 年 1 月 5 日高扬对霓裳服装公司的存货实施监盘程序。当盘点到产成品时,该公司称其产成品一部分在本市美尚服装检品公司检品,还有一部分在本市华丽印花厂印花,无法进行现场盘点。据霓裳服装公司提供的盘点清单上列示如表 4-9 所示。

表 4-9　存货存放地点清单

货号	数量/件	存 放 地 点
1002	4 280	美尚服装检品公司
1002	1 344	华丽印花厂印花
1001	37 302	美尚服装检品公司
1001	3 046	华丽印花厂印花
1003	48 870	美尚服装检品公司
1005	26 993	华丽印花厂印花
1005	17 086	美尚服装检品公司
1006	567	华丽印花厂印花
1006	506	华丽印花厂印花
1007	7 589	华丽印花厂印花
1004	6 240	华丽印花厂印花
1008	1 143	华丽印花厂印花
小　计	154 966	

(9) 高扬对美尚服装检品公司进行了函证,要求对方出具了相关证明,美尚服装检品公司出具的证明如表 4-10 所示。

表 4-10　美尚服装检品公司收货记录

批次	货号	数量/件	进库截止日
01	1002	5 624	2021 年 12 月 31 日
01	1001	40 348	2021 年 12 月 31 日
01	1003	48 870	2021 年 12 月 31 日
小　计		94 842	
02	1005	44 079	2021 年 12 月 31 日
02	1006	1 073	2021 年 12 月 31 日
02	1007	7 589	2021 年 12 月 31 日
02	1004	6 240	2021 年 12 月 31 日
02	1008	1 143	2021 年 12 月 31 日
小　计		60 124	
合　计		154 966	

霓裳服装公司称盘点表上注明的"华丽印花厂印花"是专指需要在华丽印花厂印花的产品,但实物当时也进检品公司检品了。一再强调实物肯定是在美尚服装检品公司,而且时间是在 2021 年 12 月 31 日之前。

(10) 高扬与另一名注册会计师对美尚服装检品公司进行了实地调查,获得如下信息。

① 霓裳服装公司是美尚服装检品公司的大客户,平时来往频繁,且关系融洽。

② 霓裳服装公司的外销产品在美尚服装检品公司检品后直接从该公司发运至海外(美尚服装检品公司是美国独资企业,专做服装检品,而且每件都进行检品)。

③ 检品是出口发运的最后一关,如果成衣需要外加工进行印花,要等印花等外加工完毕后才送检品公司检品。

④ 上述货号的确存在 2022 年以后入库检品的情况,但是美尚服装检品公司由于与

客户平时检品进出量大，而且平时记录不显示货号，只显示委托检品的单位名称及数量。如果逐一详细进行统计，工作量大。高扬对2022年入库检品清单进行了逐天统计，发现上述货号在2022年入库检品情况如表4-11所示。

表4-11 入库检品情况

批次	货号	数量/件	进库日
01	1002	1 118	2022年1月3日
01	1002	395	2022年1月4日
小计		1 513	
01	1001	3 060	2022年1月3日
01	1001	4 957	2022年1月4日
小计		8 017	
01	1003	3 260	2022年1月3日
01	1003	625	2022年1月7日
小计		3 885	
02	1005	2 880	2022年1月9日
02	1005	5 040	2022年1月10日
02	1005	5 220	2022年1月11日
02	1005	5 340	2022年1月12日
小计		18 480	
总计		31 895	

（11）由于霓裳服装公司难以自圆其说，高扬又将该公司的期末产成品单位成本与销售单价进行了比较，结果如表4-12所示。

表4-12 期末产成品单位成本与销售单价比较

合约号	货号	每套售价/元	每套件数/件	折算每件售价/元	每件成本/元	每件盈利/元
01	1001	33.98	2	16.99	34.06	−17.07
01	1002	33.81	2	16.91	32.89	−15.98
01	1003	33.84	2	16.92	34.11	−17.19
02	1004	33.78	3	11.26	33.08	−21.82
02	1005	33.83	3	11.28	33.71	−22.43
02	1006	33.8	3	11.27	33.64	−22.37
02	1007	33.83	2	16.92	33.71	−16.79
02	1008	33.81	3	11.27	33.51	−22.24

（12）高扬为了获取更有力的证据，对产品销售合同与产品完工情况进行了核对，其中批次01、02项的期末产成品实际完工数量与批次上约定的数量比较结果如表4-13所示。

表4-13 产品销售合同与产品完工情况比较 单位：件

批次号	货号	完工数量	合同约定数量	差异
01	1001	40 348	40 348	无
01	1002	5 624	5 624	无
01	1003	48 870	48 870	无

续表

批次号	货号	完工数量	合同约定数量	差异
02	1004	6 240	6 240	无
02	1005	44 079	44 079	无
02	1006	1 073	1 073	无
02	1007	7 589	7 589	无
02	1008	1 143	1 143	无
小　计		154 966	154 966	

注:一般产品生产的数量会比合同多一些,以备不合格产品的出现。

五、实训方式

本实训采用小组讨论的方式。

六、实训拓展

(1) 上述审计过程中,注册会计师高扬应填写哪些审计工作底稿?

(2) 如果霓裳服装公司 2021 年 1—10 月按照产品批次设置了产品成本明细账,高扬应该如何收集审计证据?

(3) 霓裳公司产品成本中存在什么问题?对该公司利税有何影响?

七、相关法规

(1)《中国注册会计师审计准则第 1313 号——分析程序》

(2)《中国注册会计师审计准则第 1511 号——比较信息:对应数据和比较财务报表》

筹资与投资循环审计

实训5.1 筹资业务审计

资金是企业生产经营所不可或缺的资产，由于企业规模大小、信用等级高低等原因限制，企业在筹集资金时要考虑筹资风险、筹资成本来选择筹资的方式，以使企业既以最低成本获取最大量资金，同时承担最小风险，获取最大利润。

带着问题做实训：

(1) 在实施筹资审计时，审计人员应当以哪些社会主义核心价值观做引领？应坚持哪些审计职业道德？

(2) 企业筹资行为有哪些？《公司法》《企业法》对公司、企业筹资有哪些具体规定？

(3) 对筹资业务进行审计时要审阅的相关资料有哪些？

一、实训目的

通过本实训使学生以社会主义核心价值观为引领，以职业道德为指导，能够：

(1) 在明确审计目标要求的前提下，执行筹资业务的实质性程序；

(2) 熟悉筹资业务审计的基本工作内容、方法和要点；

(3) 发现和处理筹资业务审计中常见的舞弊行为。

二、实训任务与步骤

(1) 仔细阅读实训资料，分析存在的问题；

(2) 针对存在的问题，进行相应审计调整。

三、实训学时

2学时。

四、实训资料

绿诚会计师事务所注册会计师林敏英2022年2月14日审计新时代公司筹资业务时发现如下情况。

(1) 该公司2021年6月1日至12月31日“短期借款——生产周转借款”平均贷款为360 000元,存货合计为250 000元,其他应收款为220 000元。

6月1日12号记账凭证的会计分录为

借:银行存款 190 000

　贷:短期借款——生产周转借款 190 000

后附“收账通知”和“借款契约”两张原始凭证,借款日期6月1日,借款期限为6个月。

6月15日101号记账凭证的会计分录为

借:其他应收款——张天名 180 000

　贷:银行存款 180 000

其摘要为“汇给光明公司货款”。经核实,所记汇款是该公司为职工垫付的购买空调的款项,张天名是负责向职工收回垫付款的负责人,全部货款至2021年12月陆续收回。该笔借款年利率为5%。

(2) 2021年1月1日该公司发行债券,应付债券面值为10万元,债券折价4万元,票面利率12%,调阅发行债券的批文,规定发行价格10万元,发行期3年,利率12%,审查其凭证,会计分录为

借:银行存款 60 000

　应付债券——利息调整 40 000

　贷:应付债券——债券面值 100 000

所附原始凭证全部经进一步查证,均为该公司内部职工购入。

(3) 2021年1月10日,该公司为生产线建设专门筹资,平价发行5年期、面值为1 000万元债券,票面利率为10%,实际利率为9.5%,工程于发行债券当月动工。2021年12月31日,该公司计提利息和摊销时,会计分录为

借:财务费用 950 000

　贷:应付债券——应计利息 950 000

五、实训方式

本实训采取单人手工实训方式。

六、实训工具

审计工作底稿“记账凭证测试通用底稿”电子稿或纸质稿。

七、实训拓展

该公司 2021 年 12 月 20 日将新增投资者投入的 50 万元作为主营业务收入入账，致使该公司营业收入虚增 50 万元，注册会计师该执行哪些审计程序？进行哪些审计调整？

实训 5.2 投资业务审计

当企业有闲余资金或欲扩张时，往往会采取对外投资的方式来使企业价值增值。企业投资是否恰当、正确，不仅对企业的生产经营有一定影响，而且对企业的持续经营也产生一定的影响。

带着问题做实训：

（1）在实施投资审计时，审计人员应当以哪些社会主义核心价值观做引领？应坚持哪些审计职业道德？

（2）企业投资行为有哪些？企业会计准则对企业投资的核算有哪些具体规定？

（3）对投资业务进行审计时要审阅的相关资料有哪些？

一、实训目的

通过本实训使学生以社会主义核心价值观为引领，以职业道德为指导，能够：

（1）在明确审计目标要求的前提下，执行投资业务的实质性程序；

（2）熟悉投资业务审计的基本工作内容、方法和要点；

（3）发现和处理投资业务审计中常见的舞弊行为。

二、实训任务与步骤

（1）仔细阅读实训资料，分析存在的问题；

（2）针对存在的问题，进行相应审计调整。

三、实训学时

2 学时。

四、实训资料

绿诚会计师事务所注册会计师林敏英 2022 年 2 月 14 日审计新时代公司投资业务时

发现如下情况。

(1) 2021 年 10 月 28 号凭证会计分录为

借:交易性金融资产——成本 730 000

投资收益 30 000

贷:银行存款 760 000

后附股票交易结算单据 3 张,表明该股票于 2021 年 10 月 16 日购入,计 50 000 股,每股面值 10 元,购买价 15 元,支付佣金及手续费 10 000 元,实际付款 760 000 元,实付价款中包含已宣告尚未发放的现金股利 30 000 元。

2021 年年末,B 公司股票市价上升为每股 16 元,新时代公司资产负债表中"交易性金融资产"列示为 730 000 元。

(2) 2021 年 6 月 1 日 20 号凭证会计分录为

借:其他权益工具投资——成本 1 035 000

贷:银行存款 1 035 000

后附交易单据显示:该股票于 6 月 1 日购入润华公司的 10 000 股股票,支付买价 100 万元,经纪人佣金 30 000 元,其他相关税费 5 000 元。实付价款中包含万通公司已于当年的 4 月 28 日宣告按每股股利 1 元分派,6 月 20 日实际派发。

6 月 20 日派发股利,该公司 6 月 20 日 121 号凭证会计分录为

借:银行存款 10 000

贷:投资收益 10 000

6 月 30 日,该股票的市价为每股 100 元,确认股价变动收益,136 号凭证会计分录为

借:投资收益 35 000

贷:其他权益工具投资——公允价值变动 35 000

11 月 20 日,该公司出售该股票,每股售价为 120 元,102 号凭证会计分录为

借:银行存款 1 200 000

其他权益工具投资——公允价值变动 35 000

贷:其他权益工具投资——成本 1 035 000

投资收益 200 000

五、实训方式

本实训采取单人手工实训方式。

六、实训工具

审计工作底稿"记账凭证测试表"电子稿或纸质稿。

七、实训拓展

(1) 如果资料中交易性金融资产到2021年年底价格下降为12元,注册会计师须做何种审计处理?

(2) 如果该公司可供出售金融资产在11月卖出时的售价为98元,注册会计师须做何种审计处理?

八、相关法规

《企业内部控制应用指引第6号——资金活动》

项目6
Xiangmu 6

货币资金审计

实训6.1 库存现金审计

库存现金是企业资产的重要组成部分，是企业资产中流动性最强的一种资产，也是最易出现差错和舞弊的资产。任何企业进行生产经营活动都必须拥有一定数额的库存现金，以备生产经营管理急需，库存现金在企业的会计核算中占有较为重要的位置。

带着问题做实训：

(1) 在实施库存现金审计时，审计人员应当以哪些社会主义核心价值观做引领？应坚持哪些审计职业道德？

(2) 库存现金的特点是什么？内部控制制度的构成包括哪些内容？

(3) 库存现金的结算起点、开支范围有哪些规定？

(4) 库存现金收支业务与哪些业务循环有关？

(5) 在前面的各业务循环审计中，均涉及了库存现金审计，在货币资金审计中，库存现金审计的工作包括哪些具体内容？

一、实训目的

通过本实训使学生以社会主义核心价值观为引领，以职业道德为指导，能够：

(1) 在明确审计目标要求的前提下，执行库存现金实质性程序；

(2) 掌握库存现金审计的基本工作内容、方法和要点；

(3) 独立完成库存现金审计盘点工作。

二、实训任务与步骤

(1) 学生分成两组：会计师事务所组和被审计单位组，并进行相应角色选择；

(2) 在教师指导下，编写库存现金审计盘点的情景与角色模拟实训脚本；
(3) 按照剧本完成库存现金审计盘点的情景与角色模拟实训；
(4) 对发现的问题进行审计调整；
(5) 根据实训资料填写审计工作底稿“库存现金监盘表”“库存现金审定表”；
(6) 撰写小组和个人实训总结。

三、实训学时

4学时。

四、实训资料

金睛会计师事务所审计项目经理高仁杰和陈亮等注册会计师，2022年2月15—20日，对恒大公司2021年财务报表实施审计，2月16日高仁杰和陈亮于早上8:00对该公司库存现金进行审计。

1. 账实情况

(1) 保险柜现金的实存数为1 460元。
(2) 保险柜中有下列单据已收付款，但未入账。
① 某职工报销差旅费，金额为1 830元。手续齐全，时间为2022年2月8日。
② 某职工借条一张，未说明用途，无主管领导审批，金额为1 300元，日期为2021年12月25日。
(3) 盘点前现金日记账的余额为4 590元。
(4) 经核对2022年1月1日至2月16日的收、付款凭证和现金日记账，1月1日至2月16日收入现金金额为13 465元，支出为14 530元，正确无误。
(5) 银行核定的库存现金限额为5 000元。

2. 现金盘点情况

100元钞票10张，50元钞票6张，20元钞票5张，10元钞票5张，5元钞票2张。

3. 账簿、凭证查阅情况

陈亮在审查现金日记账时，发现该公司2021年10月12日60#现付字记账凭证有疑问，因此又查阅了现金日记账、银行存款日记、固定资产明细账和相关记账凭证、原始凭证，对相关人员和单位实施了相应的审计程序，如表6-1～表6-4所示。

表 6-1　付账凭证

2021 年 10 月 12 日　　　　现付字第 60 号

摘　要	会 计 科 目		借方金额										贷方金额										记账√
	总账科目	明细账科目	千	百	十	万	千	百	十	元	角	分	千	百	十	万	千	百	十	元	角	分	
支付设备清理费	管理费用	其他					3	0	0	0	0	0											
	库存现金																3	0	0	0	0	0	
附件　1　张	合　计					¥	3	0	0	0	0	0				¥	3	0	0	0	0	0	

会计主管：　　记账：　　出纳：　　审核：　　制证：吴娜

表 6-2　现金支出凭单

2021 年 10 月 11 日　　　　第 78 号

付给　设备处李浩华

报废机器拆除费　款

计人民币(大写)叁仟元整　　¥3 000.00

现金付讫

收款人(盖章)李浩华

审批人：　　主管会计：　　记账员：　　出纳员：曹艳君

表 6-3　转账凭证

2021 年 10 月 12 日　　　　转字第 8 号

摘　要	会 计 科 目		借方金额										贷方金额										记账√
	总账科目	明细账科目	千	百	十	万	千	百	十	元	角	分	千	百	十	万	千	百	十	元	角	分	
报废机器一台	累计折旧						1	5	0	0	0	0											
	营业外支出						1	5	0	0	0	0											
	固定资产	生产用															3	0	0	0	0	0	
附件　1　张	合　计					¥	3	0	0	0	0	0				¥	3	0	0	0	0	0	

会计主管：　　记账：　　出纳：　　审核：　　制证：吴娜

表 6-4　固定资产报废申请表

编号：　　　　　　　　　　　　2021 年 09 月 28 日

<table>
<tr><td colspan="2">固定资产名称</td><td colspan="2">变压器</td><td colspan="2">规格型号</td><td>S9-M-100KVA</td></tr>
<tr><td colspan="2">原值/元</td><td colspan="2">13 000</td><td colspan="2">使用年限/年</td><td>10</td></tr>
<tr><td colspan="2">预计清理费用</td><td colspan="2"></td><td colspan="2">年折旧额/元</td><td>1 250</td></tr>
<tr><td colspan="2">残值率/%</td><td colspan="2">3</td><td colspan="2">资产编号</td><td>20160801</td></tr>
<tr><td>购入时间</td><td colspan="2">2016.8.10</td><td>使用时间</td><td></td><td>存放地点</td><td>设备处仓库</td></tr>
<tr><td colspan="2">使用部门</td><td colspan="2"></td><td colspan="2">责任人</td><td></td></tr>
<tr><td colspan="2">报废原因</td><td colspan="5">雷电损坏</td></tr>
<tr><td colspan="2">使用部门意见</td><td colspan="5">申请报废
负责人：王华　　2021 年 9 月 28 日</td></tr>
<tr><td colspan="2">技术部门意见</td><td colspan="5">同意报废
负责人：成刚　　2021 年 9 月 28 日</td></tr>
<tr><td colspan="2">设备管理部门意见</td><td colspan="5">同意报废
负责人：刘华飞　　2021 年 9 月 28 日</td></tr>
<tr><td colspan="2">财务部门意见</td><td colspan="5">同意报废
负责人：曹玉金　　2021 年 9 月 28 日</td></tr>
<tr><td colspan="2">公司主管领导意见</td><td colspan="5">同意报废
负责人：曾世华　　2021 年 9 月 28 日</td></tr>
<tr><td colspan="2">备　　注</td><td colspan="5"></td></tr>
</table>

固定资产明细账中显示该设备于 2016 年 8 月 10 日以 13 000 元购入，因公司产品改产一直未投入使用，于是于 10 月 10 日以 14 000 元转让给光华公司。陈亮实施了函证程序，得到光华公司证实。最后财务经理只好承认了“小金库”的事实，并交出 14 000 元的存折。

五、实训方式

本实训采取分组、情景角色模拟实训方式；单人手工实训方式。

六、实训工具

审计工作底稿“库存现金监盘表”“库存现金审定表”电子稿或纸质稿，如表 6-5 和表 6-6 所示。

表 6-5　库存现金监盘表

被审计单位：______________________　　索引号：______________________
项目：______________________　　财务报表编制日/期间：______________________
编制：______________________　　复核：______________________
日期：______________________　　日期：______________________

<table>
<tr><td colspan="5">检查盘点记录</td><td colspan="5">实有库存现金盘点记录</td></tr>
<tr><td colspan="2">项　目</td><td>项　次</td><td>人民币</td><td>某外币</td><td rowspan="2">面额</td><td colspan="2">人民币</td><td colspan="2">某外币</td></tr>
<tr><td colspan="2">上一日账面库存余额</td><td>①</td><td></td><td></td><td>张</td><td>金额</td><td>张</td><td>金额</td></tr>
<tr><td colspan="2">盘点日未记账传票收入金额</td><td>②</td><td></td><td></td><td>1 000</td><td></td><td></td><td></td><td></td></tr>
<tr><td colspan="2">盘点日未记账传票支出金额</td><td>③</td><td></td><td></td><td>500</td><td></td><td></td><td></td><td></td></tr>
<tr><td colspan="2">盘点日账面应有金额</td><td>④＝①＋②－③</td><td></td><td></td><td>100</td><td></td><td></td><td></td><td></td></tr>
<tr><td colspan="2">盘点实有库存现金数额</td><td>⑤</td><td></td><td></td><td>50</td><td></td><td></td><td></td><td></td></tr>
<tr><td colspan="2">盘点日应有与实有差异</td><td>⑥＝④－⑤</td><td></td><td></td><td>10</td><td></td><td></td><td></td><td></td></tr>
<tr><td rowspan="7">差异原因分析</td><td>白条抵库/张</td><td></td><td></td><td></td><td>5</td><td></td><td></td><td></td><td></td></tr>
<tr><td></td><td></td><td></td><td></td><td>2</td><td></td><td></td><td></td><td></td></tr>
<tr><td></td><td></td><td></td><td></td><td>1</td><td></td><td></td><td></td><td></td></tr>
<tr><td></td><td></td><td></td><td></td><td>0.5</td><td></td><td></td><td></td><td></td></tr>
<tr><td></td><td></td><td></td><td></td><td>0.2</td><td></td><td></td><td></td><td></td></tr>
<tr><td></td><td></td><td></td><td></td><td>0.1</td><td></td><td></td><td></td><td></td></tr>
<tr><td></td><td></td><td></td><td></td><td>合计</td><td></td><td></td><td></td><td></td></tr>
<tr><td rowspan="5">追溯调整</td><td colspan="2">报表日至审计日库存现金付出总额</td><td></td><td></td><td colspan="5"></td></tr>
<tr><td colspan="2">报表日至审计日库存现金收入总额</td><td></td><td></td><td colspan="5"></td></tr>
<tr><td colspan="2">报表日库存现金应有余额</td><td></td><td></td><td colspan="5"></td></tr>
<tr><td colspan="2">报表日账面汇率</td><td></td><td></td><td colspan="5"></td></tr>
<tr><td colspan="2">报表日余额折合本位币金额</td><td></td><td></td><td colspan="5"></td></tr>
<tr><td colspan="3">本位币合计</td><td></td><td></td><td colspan="5"></td></tr>
<tr><td colspan="10">审计说明：</td></tr>
</table>

出纳员：　　　　会计主管人员：　　　　监盘人：　　　　检查日期：

表 6-6　货币资金审定表

被审计单位：________　　索引号：ZA
项目：货币资金审定表　　财务报表编制日/期间：________
编制：________　　复核：________
日期：________　　日期：________

项目名称	期末未审数	账项调整		重分类调整		期末审定数	上期末审定数	索引号
		借方	贷方	借方	贷方			
库存现金								
银行存款								
其他货币资金								
小　计								
合　计								
审计结论：								

七、实训拓展

（1）如果被审计单位库存现金有多处存放地点，应该如何盘点？

（2）假定该公司存在现金管理不规范、有个别不及时入账原始凭证、小额超限额库存现金、少量白条抵库现象等，但盘点账实相符。注册会计师应做何处理？

（3）假定该公司存在现金管理不规范、有多张不及时入账原始凭证、较大数额超限额库存现金、数张白条抵库现象等，且盘点账实不相符。注册会计师应做何处理？

（4）有价证券等现金等价物如何审计？

（5）试列举企业“小金库”的具体表现形式。说说为什么“小金库”屡禁不止？

八、库存现金盘点脚本设计指南

1. 主要工作过程简介

2022 年 2 月 16 日早上 8:00，会计主管通知出纳，会计师事务所负责公司年度报表审计的注册会计师马上就要来进行库存现金审计盘点，让出纳准备一下。随后，审计小组项目经理和一名审计人员就出现了。

在相互认识后，审计人员说明来意，会计主管也表达了对该审计工作的认真配合态度。

审计人员开始询问出纳的日记账是否处理完毕、该公司现金有几处存放地以及现金的日常管理情况，会计主管、出纳分别做出回答，并将总账、日记账交给审计人员，审计人员进行审阅、核对，并作记录。

之后，审计人员提出盘点现金，出纳将保险柜中的现金进行逐一盘点，审计人员同时进行相应记录。出纳盘点完现金，审计人员将库存现金监盘表填好(假定该公司现金管理规范、无不及时入账原始凭证、超限额库存现金，也无白条抵库现象等，且盘点账实相符)。将填好的库存现金监盘表交予会计主管签字、盖公章进行确认。

彼此道别。工作结束。

2. 脚本设计内容

(1) 场景、道具设计

场景：被审计单位公司牌、财务科科室牌、会计主管和出纳的办公桌、出纳岗位牌、办公用品。

道具：点钞券、模拟保险柜、现金日记账账簿、总账账簿、现金监盘表、记录用纸、笔和计算器。

(2) 人物设计

① 被审计单位一方：会计主管领导、出纳各一名。

② 会计师事务所：审计项目经理一名、审计人员一名。

③ 文字记录员双方均应选出一名，负责文字记录；影像摄制员双方也均应设置一名，负责拍照片或录像。

(3) 对话、动作设计

双方现金盘点时的对白和动作。

3. 脚本设计重点

(1) 现金盘点为突击盘点、出纳人员盘点、审计人员监盘。盘点时至少公司会计主管领导、出纳、审计项目经理、一名审计人员在场。

(2) 在现金盘点中审计人员要向会计主管领导、出纳询问有关库存现金内部控制制度情况，以了解该公司现金管理情况的好坏，是否规范、内部控制是否有效、出纳的工作是否做到日清月结，做到证实账实相符。

(3) 要有查阅被审计单位库存现金内部控制制度、查看原始凭证以查验被审计单位库存现金内部控制制度执行的有效性等情节。

(4) 体现人际间自然交往的礼貌性、审计工作的自然性，不做艺术夸大。

实训 6.2 银行存款审计

按照国家有关规定，凡是独立核算的企业都必须在当地银行开设账户。企业在银行开设账户以后，除按核定的限额保留库存现金外，超过限额的现金必须存入银行；除了在规定的范围内可以用现金直接支付的款项外，在经营过程中所发生的一切货币收支业务，都必须通过银行存款账户进行结算。持有一定数量的银行存款是企业生产经营活动的基本条件，银行存款在企业的会计核算中占有重要的位置。

带着问题做实训：

（1）在实施银行存款审计时，审计人员应当以哪些社会主义核心价值观做引领？应坚持哪些审计职业道德？

（2）银行存款的特点是什么？内部控制制度的构成包括哪些内容？

（3）银行存款的结算起点、开支范围、账户管理有哪些规定？

（4）银行存款收支业务与哪些业务循环有关？

（5）在前面的各业务循环审计中，均涉及了银行存款审计，在货币资金审计中，银行存款审计的工作包括哪些具体内容？

一、实训目的

通过本实训使学生以社会主义核心价值观为引领，以职业道德为指导，能够：

（1）在明确审计目标要求的前提下，执行银行存款实质性程序；

（2）掌握银行存款审计的基本工作内容、方法和要点；

（3）独立完成银行存款审计函证、余额调节工作。

二、实训任务与步骤

（1）根据实训资料，撰写银行存款询证函；

（2）根据实训资料，编制银行存款余额调节表；

（3）对会计凭证中存在的问题，进行审计处理和调整；

（4）填写审计工作底稿“对银行存款余额调节表的检查”“货币资金收支检查情况表”。

三、实训学时

2学时。

四、实训资料

注册会计师王凡2022年2月18日，审计美安公司银行存款业务执行相关实质性程序，以下为部分实质性程序的情况。

1. 撰写并寄发了银行存款询证函

美安公司2021年12月31日在工商银行的基本账户中存款余额为897 456.21元；1年期贷款（2021年9月15日借入，期限10个月，年利率5.7%）200 000元、3年期贷款（2020年6月30日借入，期限36个月，年利率6.6%，由中美力公司担保）500 000元；由美安公司为出票人的工商银行承兑尚未支付的银行承兑汇票贴现（提前40天贴现，到期日2022年1月25日）65 000元。

2. 对银行对账单和银行存款日记账进行核对，并编制了银行存款余额调节表

2022 年 2 月 17 日公司银行存款日记账余额为 200 340.80 元，银行对账单余额为 244 940.80 元。有下列未达账项。

(1) 2 月 10 日，银行代付电费 5 800 元，企业尚未收到银行的付款通知，尚未入账。

(2) 2 月 13 日，委托银行代收的外埠货款 46 800 元，银行收到已经入账，公司未收到银行的收款通知，尚未入账。

(3) 2 月 14 日，月末开出转账支票 12 100 元，银行尚未入账。

(4) 2 月 15 日，存入银行的转账支票 8 500 元，银行尚未入账。

(5) 2 月 16 日，银行委托代收的货款 32 000 元，公司尚未收到银行的收款通知。

3. 结合审计重要性水平(银行存款的重要性水平为 5 000 元)确定的抽样样本量，查阅了会计凭证

发现 11 月 5 日和 8 日兴隆公司的销售业务存在疑问，于是调阅了相关记账凭证，银行存款日记账、银行对账单和会计凭证情况如表 6-7～表 6-12 所示。

表 6-7　银行存款日记账

2021 年		凭证编号	摘　　要	借方(收入)	贷方(支出)	余　额(结存)	核对
月	日			金额	金 额	金　额	
11			承前页			367 892.12	
	3	记 5	提现		10 000.00	357 892.12	
	4	记 7	张利华购料		64 358.90	293 533.22	
	5	记 8	收到兴隆公司货款	10 530.00		304 063.22	
	6	记 9	缴纳五险		32 658.21	271 405.01	
	7	记 10	收到宝云公司定金	50 000.00		321 405.01	
	8	记 11	兴隆公司退货		10 530.00	310 875.01	
	9	记 12	收到美和公司货款	23 400.00		334 275.01	
			⋮				

表 6-8　记账凭证

2021 年 11 月 05 日　　　　第 5 号

摘　要	会计科目		借方金额										贷方金额										记账
	总账科目	明细账科目	千	百	十	万	千	百	十	元	角	分	千	百	十	万	千	百	十	元	角	分	√
收到兴隆公司货款	银行存款					1	0	5	3	0	0	0											
	应收账款	兴隆公司														1	0	5	3	0	0	0	
附件　1　张	合　计				¥	1	0	5	3	0	0	0			¥	1	0	5	3	0	0	0	

会计主管：　　记账：　　出纳：　　审核：　　制证：韩平

表 6-9 中国工商银行 进账单(回单) 1

2021 年 11 月 05 日　　　　第　　号

收款人	全称	美安公司	付款人	全称	兴隆公司
	账号	00421208023156		账号	256200565226709
	开户银行	工商银行高新分理处		开户银行	工商银行新华大道办事处

金额	千	百	十	万	千	百	十	元	角	分
人民币 (大写)壹万零伍佰叁拾元整			¥	1	0	5	3	0	0	0

票据种类	转账支票
票据张数	1 张

单位主管：　　会计：

复核：　　记账：

工商银行高新支行 2021.11.05 转账 转讫

出票开户银行盖章

表 6-10 记账凭证

2021 年 11 月 08 日　　　　第 11 号

摘要	会计科目		借方金额										贷方金额										记账
	总账科目	明细账科目	千	百	十	万	千	百	十	元	角	分	千	百	十	万	千	百	十	元	角	分	√
支付兴隆公司退货款	主营业务收入					—	9	0	0	0	0	0											
	应交税费	应交增值税(销项税额)				—	1	1	7	0	0	0											
	银行存款														—	1	0	1	7	0	0	0	
附件 2 张	合计			¥	—	1	0	1	7	0	0	0		¥	—	1	0	1	7	0	0	0	

会计主管：　　记账：　　出纳：　　审核：　　制证：韩平

表 6-11 支票存根

中国工商银行转账支票存根

支票号码：00812228

科　　目：

对方科目：

出票日期：2021.11.08

收款人：兴隆公司
金　额：¥101 700.00
用　途：支付退货款
备　注：

单位主管：　　会计：

复核：　　记账：

表 6-12　河南增值税专用发票

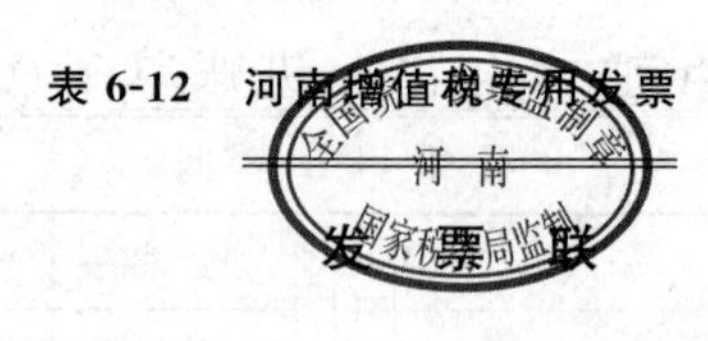

发　票　联

4050213130　　　　No. 01035044

开票日期:2021.11.08

购买方	名　　称:兴隆公司 纳税人识别号:91450121168168168X 地址、电话:高新开发区 0393-88776666 开户行及账号:工商银行新华大道办事处 25620056522670			密码区	(略)		
货物或应税劳务、服务名称	规格型号	单位	数量	单价	金　额	税率	税　额
货物					−9 000.00	13%	−1 170.00
合　计					¥−9 000.00		¥−1 170.00
价税合计(大写)	⊗壹万零壹佰柒拾元整				(小写)　¥10 170.00		
销售方	名　　称:美安公司 纳税人识别号:91405312345678988X 地址、电话:工商银行高新开发区 0393-88656231 开户行及账号:工商银行高新办事处 00421208023156			备注	美安公司 91405312345678988X 发票专用章		

收款人:　　　复核:　　　开票人:张峰毅　　　销售方:(章)

税总函〔2021〕257号-北京印钞有限公司

第三联:发票联　购买方记账凭证

银行对账单 2021 年 11 月至 12 月的银行对账单中没有查到兴隆公司的收款和退款记录,但是在同一时间银行对账单上有兴隆公司付款记录,但没有兴隆公司退货记录;在 11 月 8 日有旺旺来公司同金额转账付款情况记录,而公司的日记账和会计凭证中无此记录。王凡向公司财务经理面询兴隆公司和旺旺来公司情况,财务经理只好说明真情,此笔业务实为公司将兴隆公司货款转为账外资金,为年末发奖金私筹资金。

五、实训方式

本实训采取单人、手工实训方式。

六、实训工具

审计工作底稿"银行询证函""对银行存款余额调节表的检查""货币资金收支检查情况表"电子稿或纸质稿,如表 6-13～表 6-15 所示。

表 6-13　银行询证函

索引号:ZA2-5
编号:________

__________(银行):

本公司聘请的______会计师事务所正在对本公司______年度财务报表进行审计,按照中国注册会计师审计准则的要求,应当询证本公司与贵行相关的信息。下列信息出自本公司记录,如与贵行记录相符,请在本函下端"信息证明无误"处签章证明;如有不符,请在"信息不符"处列明不符项目及具体内容;如存在与本公司有关的未列入本函的其他重要信息,也请在"信息不符"处列出其详细资料。回函请直接寄至__________会计师事务所。

回函地址:____________________　邮编:__________

电话:__________　传真:__________　联系人:__________

续表

截至＿＿＿＿年 12 月 31 日止，本公司与贵行相关的信息列示如下。

1. 银行存款

账户名称	银行账号	币种	利率	余额	起止日期	是否被质押、用于担保或存在其他使用限制	备注

除上述列示的银行存款外，本公司并无在贵行的其他存款。

注："起止日期"一栏仅适用于定期存款，如为活期或保证金存款，可只填写"活期"或"保证金"字样。

2. 银行借款

借款人名称	币种	本息余额	借款日期	到期日期	利率	借款条件	抵（质）押品/担保人	备注

除上述列示的银行借款外，本公司并无自贵行的其他借款。

注：此项仅函证截至资产负债表日本公司尚未归还的借款。

3. 截至函证日之前 12 个月内注销的账户

账户名称	银行账号	币　　种	注销账户日

除上述列示的账户外，本公司并无截至函证日之前 12 个月内在贵行注销的其他账户。

4. 委托存款

账户名称	银行账号	借款方	币种	利率	余额	存款起止日期	备注

除上述列示的委托存款外，本公司并无通过贵行办理的其他委托存款。

5. 委托贷款

账户名称	银行账号	资金使用方	币种	利率	本金	利息	贷款起止日期	备注

除上述列示的委托贷款外，本公司并无通过贵行办理的其他委托贷款。

续表

6. 担保

(1) 本公司为其他单位提供的、以贵行为担保受益人的担保

被担保人	担保方式	担保金额	担保期限	担保事由	担保合同编号	被担保人与贵行就担保事项往来的内容(贷款等)	备注

除上述列示的担保外,本公司并无其他以贵行为担保受益人的担保。

注:如采用抵押或质押方式提供担保的,应在备注中说明抵押或质押物情况。

(2) 贵行向本公司提供的担保

被担保人	担保方式	担保金额	担保期限	担保事由	担保合同编号	备注

除上述列示的担保外,本公司并无贵行提供的其他担保。

7. 本公司为出票人且由贵行承兑而尚未支付的银行承兑汇票

银行承兑汇票号码	票面金额	出票日	到期日

除上述列示的银行承兑汇票外,本公司并无由贵行承兑而尚未支付的其他银行承兑汇票。

8. 本公司向贵行已贴现而尚未到期的商业汇票

商业汇票号码	付款人名称	承兑人名称	票面金额	票面利率	出票日	到期日	贴现日	贴现率	贴现净额

除上述列示的商业汇票外,本公司并无向贵行已贴现而尚未到期的其他商业汇票。

9. 本公司为持票人且由贵行托收的商业汇票

商业汇票号码	承兑人名称	票面金额	出票日	到期日

除上述列示的商业汇票外,本公司并无由贵行托收的其他商业汇票。

10. 本公司为申请人、由贵行开具的、未履行完毕的不可撤销信用证

信用证号码	受益人	信用证金额	到期日	未使用金额

除上述列示的不可撤销信用证外,本公司并无由贵行开具的、未履行完毕的其他不可撤销信用证。

续表

11. 本公司与贵行之间未履行完毕的外汇买卖合约

类　别	合约号码	买卖币种	未履行的合约买卖金额	汇率	交收日期
贵行卖予本公司					
本公司卖予贵行					

除上述列示的外汇买卖合约外，本公司并无与贵行之间未履行完毕的其他外汇买卖合约。

12. 本公司存放于贵行的有价证券或其他产权文件

有价证券或其他产权文件名称	产权文件编号	数　量	金　额

除上述列示的有价证券或其他产权文件外，本公司并无存放于贵行的其他有价证券或其他产权文件。

13. 其他重大事项

注：此项应填列注册会计师认为重大且应予函证的其他事项，如信托存款等；如无则应填写“不适用”。

（公司盖章）

年　月　日

以下仅供被询证银行使用

结论：

1. 信息证明无误。 （银行盖章） 年　月　日 经办人：	2. 信息不符，请列明不符项目及具体内容（对于在本函前述第1项至第13项中漏列的其他重要信息，请列出详细资料）。 （银行盖章） 年　月　日 经办人：

天成会计师事务所地址：北京朝阳区北口袋胡同233号　100081

邮编：100061　电话：010-87769354　传真：010-87769356

联系人：赵聃

表 6-14　对银行存款余额调节表的检查

被审计单位：________　　索引号：ZA2-3
项目：银行存款余额调节表的检查　　财务报表截止日/期间：________
编制：________　　复核：________
日期：________　　日期：________
开户银行：______　银行账号：______　　币种：______

项　　目	金　额	调节项目说明	是否需要审计调整
银行对账单余额			
加：企业已收，银行尚未入账合计金额			
其中：1.			
2.			
减：企业已付，银行尚未入账合计金额			
其中：1.			
2.			
调整后银行对账单余额			
企业银行存款日记账余额			
加：银行已收，企业尚未入账合计金额			
其中：1.			
2.			
减：银行已付，企业尚未入账合计金额			
其中：1.			
2.			
调整后企业银行存款日记账余额			
经办会计人员(签字)：　　会计主管(签字)：			
审计说明：			

七、实训拓展

(1) 在公司银行存款日记账中经常可以看到有同样金额的、一收一支的业务发生，这可能是什么情况？如何查证？

(2) 如果公司有外汇业务，还应该注意哪些审计事项？如何查证？

表 6-15　货币资金收支检查情况表

被审计单位：______　　索引号：ZA2-6
项目：货币资金收支情况检查　　财务报表截止日/期间：______
编制：______　　复核：______
日期：______　　日期：______

记账日期	凭证编号	业务内容	对应科目	金额	核对内容（用"√""×"表示）					备注
					1	2	3	4	5	
核对内容说明：1. 原始凭证是否齐全；2. 记账凭证与原始凭证是否相符；3. 账务处理是否正确；4. 是否记录于恰当的会计期间；5. ……										
对不符事项的处理：										
审计说明：										

注：当企业规模和业务量较大时，可分库存现金、银行存款、其他货币资金科目分别使用本表，应注意修改索引号。

八、相关法规

（1）《中国注册会计师审计准则第 1312 号——函证》

（2）《人民币银行结算账户管理办法》

（3）《支付结算办法》

（4）《企业内部控制应用指引第 6 号——资金活动》

项目 7
Xiangmu 7

撰写审计报告

实训 7.1 完成审计工作

注册会计师在按业务循环完成会计报表项目的审计测试和一些特殊项目的审计工作后，应汇总审计测试结果，进行更具综合性的审计工作，如编制审计差异调整表，获取管理当局声明书以及完成审计复核等。在此基础上，确定应出具审计报告的意见类型和措辞，进而编制并致送审计报告，终结审计工作。

带着问题做实训：

(1) 在完成审计工作时，审计人员应当以哪些社会主义核心价值观做引领？应坚持哪些审计职业道德？

(2) 审计结束工作主要包括哪些内容？

(3) 审计差异有哪几种？是否都需要进行审计调整？如何调整？依据是什么？

(4) 核算误差和重分类误差的区别是什么？

(5) 出现审计差异，注册会计师一般均建议被审计单位进行调整，如果被审计单位不同意进行调整，注册会计师应该如何处理？

(6) 审计后的资产负债表和利润表如何编制？

一、实训目的

通过本实训使学生以社会主义核心价值观为引领，以职业道德为指导，能够：

(1) 在明确审计目标要求的前提下，执行审计调整及汇总程序；

(2) 掌握审计差异的种类、调整方法和要点；

(3) 独立完成审计差异调整及汇总审计工作底稿的填写工作；

(4) 在注册会计师指导下，编制审计后的资产负债表、利润表试算平衡表。

二、实训任务与步骤

(1) 根据实训资料，完成审计差异调整工作；

(2) 填写审计工作底稿“账项调整分录汇总表”“重分类调整分录汇总表”“列报调整汇总表”“未更正错报汇总表”“资产负债表试算平衡表”“利润表试算平衡表”。

三、实训学时

6 学时。

四、实训资料

良友会计师事务所审计三部项目二组 2022 年 2 月 10 日结束了对南方股份有限公司的财务报表审计证据的搜集工作,回到事务所对审计中发现的各种差错进行审计调整和汇总,以重新评估审计重要性水平和审计风险。该公司所得税税率为 25%,盈余公积计提比例为 10%,公益金计提比例为 5%,城建税 5%,教育费附加 3%。项目二组对各业务循环的审计调整分录如下。

(1) 借:应收账款　113 000
　　贷:以前年度损益调整(主营业务收入)　100 000
　　　　应交税费——应交增值税(销项税额)　13 000
借:以前年度损益调整(主营业务成本)　86 500
　贷:库存商品　86 500

(2) 借:以前年度损益调整(管理费用)　32 400
　　贷:累计折旧　32 400

(3) 借:应收账款　23 400
　　贷:预收账款　23 400

(4) 借:以前年度损益调整(管理费用)　18 000
　　　　生产成本　21 500
　　贷:其他应付款——社会保险　39 500

(5) 借:以前年度损益调整(管理费用)　1 200
　　　　生产成本　1 400
　　贷:原材料——主要材料　2 600

(6) 借:生产成本　66 500
　　贷:库存商品　66 500

(7) 借:在建工程　15 000
　　贷:以前年度损益调整(财务费用)　15 000

(8) 借:在建工程　156 000
　　贷:固定资产　156 000

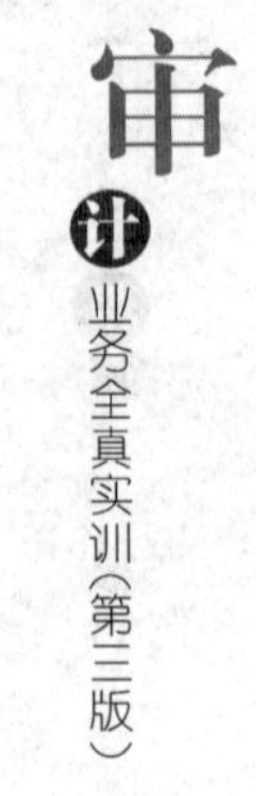

(9) 借:坏账准备　　　　　　　　　　　　　　　　3 500

　　贷:以前年度损益调整(资产减值损失)　　　　　　　3 500

(10) 资产负债表中“长期借款”100 000 元,即将于 2022 年 3 月 31 日到期,应划分为“一年内到期的长期负债”进行反映。

南方公司 2021 年审计前资产负债表和利润表如表 7-1 和表 7-2 所示。

表 7-1　资产负债表

编制单位:南方股份有限公司　　　　2021 年 12 月 31 日　　　　单位:元

资　　产	期末余额	负债和所有者权益(或股东权益)	期末余额
流动资产:		流动负债:	
货币资金	3 781 690.00	短期借款	147 800.00
以公允价值计量且其变动计入当期损益的金融资产		以公允价值计量且其变动计入当期损益的金融负债	1 505.45
衍生金融资产		衍生金融负债	
应收票据		应付票据	
应收账款	159 402.00	应付账款	1 692 380.00
预付款项	1 783 800.00	预收款项	7 440 520.00
其他应收款	1 493 830.00	应付职工薪酬	141 576.00
存货	13 333 300.00	应交税费	316 548.00
持有待售资产		其他应付款	1 694 180.70
一年内到期的非流动资产		持有待售负债	
其他流动资产		一年内到期的非流动负债	1 530 570.00
流动资产合计	20 552 022.00	其他流动负债	
非流动资产:		流动负债合计	12 965 080.15
可供出售金融资产	40 476.40	非流动负债:	
持有至到期投资		长期借款	2 479 050.00
长期应收款		应付债券	582 114.00
长期股权投资	449 375.00	长期应付款	
投资性房地产		预计负债	4 110.73
固定资产	134 875.80	递延收益	
在建工程	76 428.20	递延所得税负债	73 899.30
生产性生物资产		其他非流动负债	881.61
油气资产		非流动负债合计	3 140 055.64
无形资产	37 395.20	负债合计	16 105 135.79
开发支出		所有者权益(或股东权益):	
商誉		实收资本(或股本)	2 133 820.75
长期待摊费用	3 216.14	其他权益工具	
递延所得税资产	163 316.00	资本公积	878 934.00
其他非流动资产	105 599.00	减:库存股	
非流动资产合计	1 010 681.74	其他综合收益	
		专项储备	
		盈余公积	1 058 770.00
		未分配利润	1 386 043.20
		所有者权益(或股东权益)合计	5 457 567.95
资产总计	21 562 703.74	负债和所有者权益(或股东权益)总计	21 562 703.74

表 7-2 利润表

编表单位:南方股份有限公司　　2021 年 12 月　　单位:元

项　目	行次	本月数	本年累计数
一、营业收入	(略)		5 071 380.00
减:营业成本			3 007 350.00
税金及附加			562 411.00
销售费用			207 909.00
管理费用			184 637.00
研发费用			
财务费用(收益以“—”号填列)			50 442.80
加:其他收益			—1 505.45
投资收益			77 793.10
公允价值变动收益(净损失以“—”号填列)			
信用减值损失(净损失以“—”号填列)			
资产减值损失(净损失以“—”号填列)			—54 545.10
资产处置收益			
二、营业利润(亏损以“—”号填列)			1 189 462.95
加:营业外收入			7 172.72
减:营业外支出			2 585.99
三、利润总额			1 194 049.68
减:所得税费用			310 114.00
四、净利润(净亏损以“—”号填列)			883 935.68

五、实训方式

本实训采取分小组手工实训方式。

六、实训工具

审计工作底稿“账项调整分录汇总表”“重分类调整分录汇总表”“列报调整汇总表”“未更正错报汇总表”“资产负债表试算平衡表”“利润表试算平衡表”电子稿或纸质稿，如表 7-3～表 7-8 所示。

表 7-3　账项调整分录汇总表

被审计单位：________________　　索引号：　　EA

项目：________________　　财务报表截止日/期间：________________

编制：________________　　复核：________________

日期：________________　　日期：________________

序号	内容及说明	索引号	调 整 内 容				影响利润表＋(−)	影响资产负债表＋(−)
			借方项目	借方金额	贷方项目	贷方金额		

与被审计单位的沟通：________________

参加人员：________________

被审计单位：________________

审计项目组：________________

被审计单位的意见：________________

____

____

结论：________________

是否同意上述审计调整：________________

被审计单位授权代表签字：________________　日期：________________

表 7-4 重分类调整分录汇总表

被审计单位：________ 索引号：EB

项目：________ 财务报表截止日/期间：________

编制：________ 复核：________

日期：________ 日期：________

序号	内容及说明	索引号	调整项目和金额			
			借方项目	借方金额	贷方项目	贷方金额

与被审计单位的沟通：________

参加人员：________

被审计单位：________

审计项目组：________

被审计单位的意见：________

____

____

结论：________

是否同意上述审计调整：________

被审计单位授权代表签字：________ 日期：________

表 7-5 列报调整汇总表

被审计单位：________ 索引号：EC

项目：________ 财务报表截止日/期间：________

编制：________ 复核：________

日期：________ 日期：________

一、被审计单位财务报表附注中的漏报项目包括：

二、被审计单位财务报表附注中的错报调整项目包括：

表 7-6　未更正错报汇总表

被审计单位：________________　　　　索引号：　　　ED　　　
项目：________________　　　　财务报表截止日/期间：________________
编制：________________　　　　复核：________________
日期：________________　　　　日期：________________

序号	内容及说明	索引号	未调整内容				备　注
			借方项目	借方金额	贷方项目	贷方金额	

未更正错报的影响：

项　目	金额	百分比	计划百分比
1. 总资产	________	________	________
2. 净资产	________	________	________
3. 销售收入	________	________	________
4. 费用总额	________	________	________
5. 毛利	________	________	________
6. 净利润	________	________	________

结论：

被审计单位授权代表签字：________________________日期：__________

表 7-7　资产负债表试算平衡表

被审计单位：________________　　索引号：EE-1
项目：________________　　财务报表截止日/期间：________________
编制：________________　　复核：________________
日期：________________　　日期：________________

项　目	期末未审数	账项调整		重分类调整		期末审定数	项　目	期末未审数	账项调整		重分类调整		期末审定数
		借方	贷方	借方	贷方				借方	贷方	借方	贷方	
货币资金							短期借款						
交易性金融资产							交易性金融负债						
应收票据							应付票据						
应收账款							应付账款						
预付款项							预收款项						
应收利息							应付职工薪酬						
应收股利							应交税费						
其他应收款							应付利息						
存货							应付股利						
一年内到期的非流动资产							其他应付款						
其他流动资产							一年内到期的非流动负债						
可供出售的金融资产							其他流动负债						
持有至到期投资							长期借款						
长期应收款							应付债券						
长期股权投资							长期应付款						
投资性房地产							专项应付款						
固定资产							预计负债						
在建工程							递延所得税负债						
工程物资							其他非流动负债						
固定资产清理							股本						
无形资产							资本公积						
开发支出							盈余公积						
商誉							未分配利润						
长期待摊费用													
递延所得税资产													
其他非流动资产													
合　计							合　计						

表 7-8 利润表试算平衡表

被审计单位:		索引号: EE-2	
项目:		财务报表截止日/期间:	
编制:		复核:	
日期:		日期:	

项　目	未审数	调整金额		审定数	索引号
		借方	贷方		
一、营业收入					
减:营业成本					
税金及附加					
销售费用					
管理费用					
财务费用					
资产减值损失					
加:公允价值变动损益					
投资收益					
二、营业利润					
加:营业外收入					
减:营业外支出					
三、利润总额					
减:所得税费用					
四、净利润					

七、实训拓展

假设项目 2～项目 6 实训为同一家公司审计中进行的审计调整,请对其进行的审计调整汇总,并编制审计后的资产负债表试算平衡表和利润表试算平衡表(审计前资产负债表、利润表沿用本实训资料)。

实训 7.2 审计报告的撰写

审计报告是审计意见的载体,是注册会计师审计工作的最终成果,在审计理论研究和审计实务方面均受到高度重视。审计报告具有法定证明效力。

带着问题做实训:

(1) 在完成审计工作时,审计人员应当以哪些社会主义核心价值观做引领?应坚持哪些审计职业道德?

(2) 审计报告有哪些种类?审计意见有哪些种类?表达审计意见的条件和专业术语分别是什么?

(3) 审计报告的内容包括哪些?不同审计意见的审计报告格式如何?

(4) 审计外勤工作结束后，还需经过哪些程序才能撰写正式的审计报告？

一、实训目的

通过本实训使学生以社会主义核心价值观为引领，以职业道德为指导，能够：

(1) 熟悉审计报告编制前要做的准备工作；

(2) 掌握标准审计报告和各种非标准审计报告的基本格式、措辞要求和确定依据；

(3) 独立完成对外公布的审计报告的撰写。

二、实训任务与步骤

(1) 阅读实训资料，判断审计意见类型，选择审计报告格式；

(2) 撰写审计报告。

三、实训学时

2 学时。

四、实训资料

新天地会计师事务所注册会计师方慧君、冯晓怡、梁文凯三人，于 2022 年 2 月 20 日接受华美达股份有限公司的委托，审计了该公司 2021 年财务报表。2 月 28 日结束审计工作。除下述事项外，华美达股份有限公司财务报表其他内容均符合企业会计准则和相关会计制度的规定，在所有重大方面公允反映了华美达股份有限公司 2021 年 12 月 31 日的财务状况以及 2021 年度的经营成果和现金流量情况。注册会计师均已认可。

(1) 华美达股份有限公司 2021 年年末库存商品期末余额少计 20 万元，影响该年度利润，注册会计师提请该公司调整，但华美达公司未予接受。

(2) 华美达股份有限公司从 2021 年 7 月起对库存商品发出计价由先进先出法改为加权平均法，使该年主营业务成本上升 30 万元，这一变化未在财务报表附注中披露。注册会计师提请该公司披露，但华美达公司予以接受。

注册会计师为华美达公司库存商品核定的重要性水平是 40 万元。

五、实训方式

本实训采取单人手工实训方式。

六、实训拓展

(1) 如果华美达股份有限公司对上述事项(1)同意调整，注册会计师应当发表哪种审

计意见？审计报告如何撰写？

(2) 如果华美达股份有限公司对上述事项均同意调整，但是注册会计师在审计结束前了解到该公司2022年1月5日因所生产新产品存在严重安全隐患被质检部门叫停，从而导致该公司销售业务严重下滑，并已出现财务危机。此时，注册会计师是否需要在审计报告中提及？如何表达？

七、相关法规

(1)《中国注册会计师审计准则第1501号——对财务报表形成审计意见和出具审计报告》

(2)《中国注册会计师审计准则第1502号——在审计报告中发表非无保留意见》

(3)《中国注册会计师审计准则第1503号——在审计报告中增加强调事项段和其他事项段》

综合实训

审计助理在注册会计师审计中发挥着越来越重要的作用，一些基础性的工作有了审计助理的帮助，注册会计师的审计效率得到大大提高，同时也为注册会计师进行更加深入、复杂的审计程序提供了时间和精力。

带着问题做实训：

（1）在完成审计工作时，审计人员应当以哪些社会主义核心价值观做引领？应坚持哪些审计职业道德？

（2）审计助理的工作内容有哪些？

（3）审计助理在审计中将接受注册会计师哪些指导与监督？

（4）审计助理的素质和技能包括哪些？

一、实训目的

通过本实训使学生以社会主义核心价值观为引领，以职业道德为指导，能够：

（1）对财务报表审计工作基本流程有一个较为完整的了解和熟悉；

（2）在教师指导下，在小组合作的基础上，进行简单的审计计划编制、组织、协调和执行，完成会计报表基本内容的审计；

（3）具备审计助理人员的基本素质和能力。

二、实训概况

濮阳高温材料股份有限公司（以下简称濮阳公司）委托中勤万信会计师事务所对其2021年度财务报表进行审计，中勤万信会计师事务所通过开展初步业务活动，决定接受濮阳公司的委托，2021年11月10日双方签订了审计业务约定书，约定2022年2月6日前出具审计报告。

中勤万信会计师事务所根据业务需要组织刘阳军（项目经理）、马宏伟、姚志坚、黄曼妮、高启兰5人组成的审计小组。审计小组于2022年1月24日进驻濮阳公司开始工作，2022年1月31日审计小组获取被审计单位管理层声明书，结束审计外勤工作。2月1—2日，刘阳军和事务所主任会计师张建新对审计工作底稿进行了审核，2月3日就审计调

整事项和审计报告内容与濮阳公司交换了意见，濮阳公司对中勤万信会计师事务所提出的审计调整事项表示均同意调整。中勤万信会计师事务所于 2022 年 2 月 5 日提交审计报告，整理归档，结束审计任务。

三、实训任务与步骤

中勤万信会计师事务所刘阳军等 5 名注册会计师和审计助理于 2021 年 11 月 7 日对濮阳公司进行了初步了解，并签订了审计业务约定书；2022 年 1 月 24 日对濮阳公司的内部控制制度进行了测试，并制定了抽样审计策略，抽取了一些账簿、凭证样本。

请以审计助理的身份，协助 5 位注册会计师完成接受审计委托，并根据账簿、凭证资料资料，协助他们完成濮阳公司 2021 年财务报表的审计工作。

(1) 接受审计委托，签订审计业务约定书。

(2) 根据实训资料计算和确定审计重要性水平、审计检查风险水平。

(3) 制订初步具体审计计划。

(4) 按小组分工对被审计单位会计资料实施实质性程序。

① 库存现金进行盘点，填写“库存现金监盘表”；

② 对应收账款实施函证程序(假设询证函均得到核对一致的回函)，选择和书写询证函；

③ 对坏账准备的计提进行测试，并填写“应收账款坏账准备计算表”；

④ 对按工资总额比例计提的“三项费用”社会保险进行测试，并填写“应付职工薪酬明细表”“应付职工薪酬计提情况检查表”；

⑤ 对原材料(N14/25.24m 板、纸箱 2 项)发出计价进行测试，并填写“存货计价测试表”；

⑥ 测试固定资产的增减业务是否正确，并填写“固定资产及累计折旧审定表”；

⑦ 对固定资产累计折旧的计提进行测试，并填写“固定资产及累计折旧审定表”。

(5) 对审计中发现的会计差错进行调整和汇总，再次评估被审计单位的重要性水平和检查风险，并填写“账项调整分录汇总表”“资产负债表试算平衡表”“利润表试算平衡表”。

(6) 濮阳公司对于超过审计重要性水平的差错均同意修改，请确定审计意见类型，撰写审计报告。

(7) 撰写实训总结。

四、实训学时

10 学时。

五、实训资料

1. 会计师事务所与被审计单位简介

(1) 会计师事务所

中勤万信会计师事务所是省十强会计师事务所之一，是一家具有一定规模的有限责任公司；拥有注册会计师50名，其中18名同时具有注册税务师、注册资产评估师、期货证券师资格。事务所主要业务部门设有企业审计业务部3个，税务业务部1个，咨询业务部1个。中勤万信会计师事务所除了审计业务操作规范外，还因在为被审计单位提供财务报告审计的同时，常常免费提供管理建议书，使被审计单位不仅会计核算得到规范，并且经营管理和经济效益也得到提升，受到很多企业的认同。中勤万信会计师事务所初次与濮阳公司合作，事务所人员与濮阳公司无利益关系，对审计的独立性不存在影响。

中勤万信会计师事务联系方式如下。

地址：河南省濮阳市北环路146号　　邮政编码：457001

联系电话：0393-82657712　　传真：0393-82657710　　联系人：宋为民

(2) 被审计单位

濮阳公司位于河南省濮阳县西环路中段濮阳县高新技术开发区内，占地15亩，工厂建筑面积10 990平方米，是一家集产品生产、加工、销售为一体的化学化工民营综合性企业。公司自2006年1月成立以来，一直致力于铝行业用高温材料及有色铸造行业用除气设备的开发生产和销售。经过多年的开发研究，并结合国外的先进技术，公司开发了一系列用于铝液除气的除气设备、部件和模具。公司生产的除气设备、部件与过滤袋以其合理的设计，可靠的质量，具有竞争性的价格广泛地运用于铝工业、钢铁工业、玻璃工业。长期以来，公司始终遵循“以市场为导向，以质量求生存，以信誉求发展”的宗旨，不断完善产品的研究和开发，增加产品品种，保证产品质量，完善服务质量，提高公司信誉，深得广大客户的普遍赞誉和青睐。公司以优质的产品及极具竞争力的价格在众多客户的大力支持下，得以稳步发展。濮阳公司通过中勤万信会计师事务所业务员介绍，决定委托该事务所为其审计2021年的财务报表。

2. 审计重要性与审计风险水平

中勤万信会计师事务所根据濮阳公司的生产经营特点，决定采用固定比率的方法来确定审计重要性水平，各项比率为税前净利的6%；资产总额的0.6%；净资产的1%；营业收入的0.8%。审计风险水平为4%，濮阳公司重大错报风险，经中勤万信会计师事务所评估确定为10%。

3. 内部控制测试结果

2022年1月24日，中勤万信会计师事务所对濮阳公司进行了内部控制测试，认为该公司内部控制制度较为健全，执行较为有效，可以实施抽样审计。

4. 被审计单位所处行业简况

除气设备及其部件是去除铝液中氢气,提高铝液精炼效果的铝合金精炼处理的专用设备;过滤袋不仅能控制铝液的流速、流量和温度,还能协助除去铝合金生产过程中产生的杂质、内含物以及铸造前的金属或非金属渣滓。因此,除气设备及其部件、过滤袋均是保证精密压铸行业和铝行业企业提高产品质量、减少次品、降低成本必不可少的生产设备及部件,被广泛地运用于铝制品和精密压铸行业中。近年来,随着世界高载能产业向中国的转移,中国铝产量突飞猛进。在全球铝消费量不断增长和新一轮铝代铜、铝代钢的热潮拉动下,中国目前已成为世界上最大的铝生产和消费国。铝工业以及国内经济的迅猛发展,必然会拉动对除气设备及其部件、过滤袋等可以提高铝制品清洁度的设备需求。高温材料行业面临一个很好的发展机遇。

5. 被审计单位法人代表

被审计单位法人代表为刘百宽。

6. 被审计单位开户银行

被审计单位开户银行信息如表 8-1 所示。

表 8-1 被审计单位开户银行

银行账户	账号	账户性质
中国工商银行濮阳县分行高新分理处	0038120801192400	基本账户
交通银行濮阳县支行高新分理处	0394010408522180	一般账户
交通银行濮阳县支行高新分理处	0294010402536430	专用存款账户
中国建设银行濮阳县分行高新分理处	3459004264015590	专用存款账户

7. 被审计单位统一社会信用代码

被审计单位统一社会信用代码为 450000100577JK2202。

公司在濮阳县国家税务局取得一般纳税人资格,公司生产的主要产品增值税税率均为 13%。

8. 利润分配

公司依法律规定在分配当年税后利润时,按税后利润的 10%提取法定公积金。经股东会决议,可以按税后利润的 5%提取任意公积金。

9. 濮阳公司营业执照

营业执照如图 8-1 所示。

证照编号：216875689342

营业执照

（副 本）

3-1

统一社会信用代码 450000100577JK2202

名 称 濮阳高温材料股份有限公司

类 型 股份有限公司

住 所 濮阳县高新技术开发区

法定代表人 刘百宽

注册资金 20 000 000元

成立日期 2006年01月12日

经营期限 2006年01月12日至长期

经营范围 铝工业、钢铁工业、玻璃工业高温材料的生产和销售；除气机设备系统、部件和模具的生产和销售；铸造工业用涂料和精炼剂的生产和销售（法律、行政法规和国务院决定规定禁止的项目除外，法律、行政法规和国务院决定规定须经许可经营的项目，取得许可后方可经营）。（依法必须经批准的项目，经相关部门批准后方可开展经营活动）

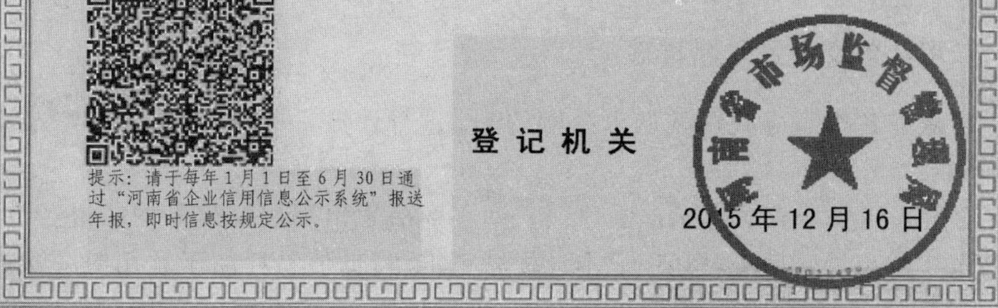

登记机关

提示：请于每年1月1日至6月30日通过“河南省企业信用信息公示系统”报送年报，即时信息按规定公示。

2015年12月16日

企业信用信息公示系统网址：pygsxt.lnaic.gov.cn

中华人民共和国国家市场监督管理总局监制

图 8-1 濮阳高温材料股份有限公司营业执照

10. 被审计单位组织机构设置及岗位分工

(1) 公司组织结构示意图(见图 8-2)

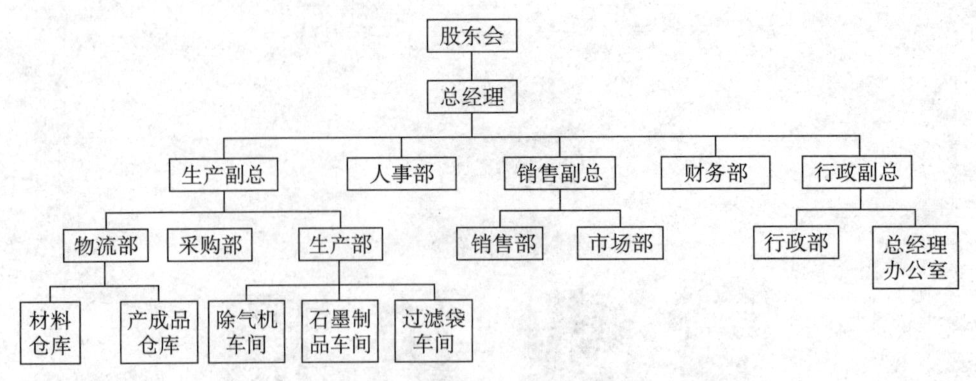

图 8-2　公司组织结构示意图

(2) 公司岗位设置

公司现有在册职工 300 人,其中具有大专以上学历和中等以上专业技术职称的人员共计 48 人。其中总经理办公室 5 人、行政部 5 人、人事部 4 人、财务部 6 人、物流部 8 人、采购部 5 人、市场部 4 人、销售部 5 人、生产部 258 人。生产部下设除气机、石墨制品、过滤袋三个车间。物流部下设材料、产成品两个仓库。

各部门主要负责人及岗位工作如下:辛福林为主管物流、采购、生产的副总经理;杨林立为物流部经理;吴保全为市场部经理;方士宇为采购部经理;马玉环为财务部经理;张春英为出纳;丁冉、李思然为会计人员 。

(3) 财务部门组织结构(见图 8-3)

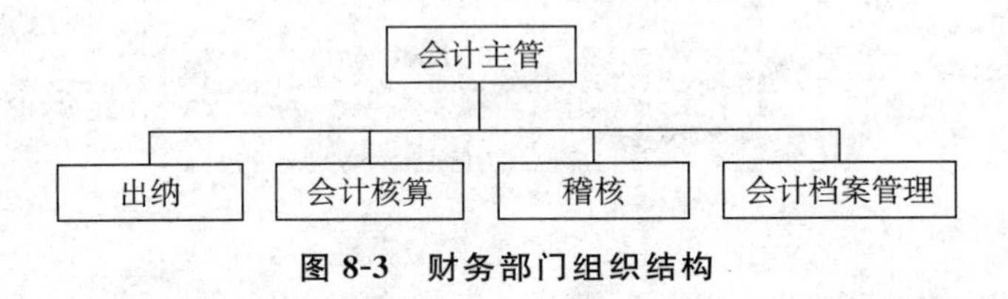

图 8-3　财务部门组织结构

11. 被审计单位主要会计政策

(1) 坏账准备按照应收账款期末余额的 5‰进行计提,采用备抵法对坏账准备进行核算。

(2) 存货采用实际成本核算方法,材料、库存商品发出采用加权平均法进行计价,期末存货按成本与市价孰低法对存货成本计提减值准备;低值易耗品于领用时一次摊销计入成本、费用。

(3) 固定资产折旧采用分类折旧方式计提,折旧率如表 8-2 所示。

表 8-2 固定资产折旧表

序号	固定资产分类	折旧年限/年	年折旧率/%	月折旧率/%	净残值率/%
1	房屋及建筑物	40	2.4	0.20	5
2	办公设备	5	21	1.75	5
3	机器	5	21	1.75	5
4	设备	10	11	0.88	5
5	运输工具	5	21	1.75	5

(4)“三项费用”和“五险一金”计提比例。

① 职工福利费各月按公司职工应付工资总额的14%提取,年末实报实销并结平。

② 工会经费按公司职工应付工资总额的2%提取。

③ 职工教育经费按公司职工应付工资总额的2%提取。

④ 职工养老保险按公司职工应付工资总额的20%提取。

⑤ 职工失业保险按公司职工应付工资总额的2%提取。

⑥ 职工工伤保险按公司职工应付工资总额的1%提取。

⑦ 职工生育保险按公司职工应付工资总额的1%提取。

⑧ 职工医疗保险按公司职工应付工资总额的8%提取。

(5)公司所得税税率为25%。

(6)盈余公积计提比例:法定盈余公积按税后利润的10%提取,法定盈余公积累计达到注册资本50%时可不再提取;任意盈余公积由股东会决议确定提取比例为5%,公益金计提比例为5%。

12. 被审计单位2021年资产负债表和利润表

资产负债表和利润表如表8-3和表8-4。

表 8-3 资产负债表

编制单位:濮阳高温材料股份有限公司　　2021年12月31日　　单位:元

资　　产	期末余额	负债和所有者权益(或股东权益)	期末余额
流动资产:		流动负债:	
货币资金	1 486 898.39	短期借款	
以公允价值计量且其变动计入当期损益的金融资产		以公允价值计量且其变动计入当期损益的金融负债	
衍生金融资产		衍生金融负债	
应收票据		应付票据	
应收账款	1 871 228.14	应付账款	450 963.40
预付款项	85 000.00	预收款项	218 000.00
其他应收款	83 198.19	应付职工薪酬	16 870.58
存货	508 135.18	应交税费	219 450.66
持有待售资产		其他应付款	510 496.17
一年内到期的非流动资产		持有待售负债	
其他流动资产		一年内到期的非流动负债	
流动资产合计	4 034 459.90	其他流动负债	
非流动资产:		流动负债合计	1 415 780.81
可供出售金融资产		非流动负债:	
持有至到期投资		长期借款	1 500 000.00

续表

资　　产	期末余额	负债和所有者权益(或股东权益)	期末余额
长期应收款		应付债券	
长期股权投资		长期应付款	
投资性房地产		预计负债	
固定资产	11 573 623.41	递延收益	
在建工程	3 839 700.00	递延所得税负债	
生产性生物资产		其他非流动负债	
油气资产		非流动负债合计	1 500 000.00
无形资产	1 184 102.58	负债合计	2 915 780.81
开发支出		所有者权益(或股东权益):	
商誉		实收资本(或股本)	14 000 000.00
长期待摊费用		其他权益工具	
递延所得税资产		资本公积	514 453.77
其他非流动资产		减:库存股	
非流动资产合计	16 597 425.99	其他综合收益	
		专项储备	
		盈余公积	693 247.85
		未分配利润	2 508 403.46
		所有者权益(或股东权益)合计	17 716 105.08
资产总计	20 631 885.89	负债和所有者权益(或股东权益)总计	20 631 885.89

表 8-4　利润表

编表单位:濮阳高温材料股份有限公司　　　2021 年 12 月　　　单位:元

项　　目	行次	本月数	本年累计数
一、营业收入	(略)		8 550 100.00
减:营业成本			3 554 250.95
税金及附加			443 996.80
销售费用			212 654.37
管理费用			2 354 508.64
研发费用			
财务费用(收益以"—"号填列)			627 821.50
加:其他收益			
投资收益			
公允价值变动收益(净损失以"—"号填列)			
信用减值损失(净损失以"—"号填列)			
资产减值损失(净损失以"—"号填列)			—100 041.86
资产处置收益			
二、营业利润(亏损以"—"号填列)			1 256 825.88
加:营业外收入			61 289.70
减:营业外支出			5 120.54
三、利润总额			1 312 995.04
减:所得税费用			328 248.76
四、净利润(净亏损以"—"号填列)			984 746.28

13. 库存现金盘点情况

2022 年 1 月 24 日注册会计师姚志坚、黄曼妮对濮阳公司的库存现金进行了监盘,结果如下。

（1）现金实有数为：壹佰元币共13张，伍拾元币共16张，拾元币共9张，伍元币共10张，贰元币共14张，壹元币共17张，共计2 285元。

（2）在盘点库存时，发现以下凭证尚未登记账簿。

① 办公室2022年1月10日购买办公用品发票一张，金额285元，没有入账；

② 设备管理部李长江2022年1月12日未经批准的借据一张，计500元尚未入账（后经询问李长江，其未曾借过此笔款项，实为出纳挪用）；

③ 采购员赵进齐2022年1月15日，经批准的材料采购差旅费借据一张，计300元尚未入账；

④ 总经理办公室发送公函邮寄费80元发票一张，尚未入账，日期是2022年1月5日；

（3）公司2022年1月1日至1月23日发生的现金收入为32 246元，现金支出总额为30 312.95元。

（4）银行为企业核定的现金库存限额为2 000元，现金日记账2022年1月23日余额为3 450.00元。

14. 被审计单位2021年会计账簿样本资料

（1）总账账簿

总分类账如表8-5～表8-7所示。

表8-5 总分类账

总页 分页

会计科目 库存现金

2021年		凭证编号	摘　要	借　方	贷　方	借或贷	金　额	√
月	日							
			⋮				⋮	
12	1		月初余额				1 084.11	
	31	科汇1	1-136号	206 444.48	206 011.64	借	1 516.95	
	31		本月合计	206 444.48	206 011.64	借	1 516.95	
			本年累计	2 477 333.76	2 476 900.92	借	1 516.95	
			结转下年					
			⋮				⋮	

表8-6 总分类账

总页 分页

会计科目 应收账款

2021年		凭证编号	摘　要	借　方	贷　方	借或贷	余　额	√
月	日							
1			上年结转			借	3 472 260.00	
			⋮				⋮	
12	31	科汇1	1-136＃ 汇总	537 723.40	860 661.40	借	1 880 631.30	
	31		本月合计	537 723.40	860 661.40	借	1 880 631.30	
			本年累计	5 914 957.40	7 506 586.10	借	1 880 631.30	
			⋮				⋮	

表 8-7 总分类账

总页 分页

会计科目 坏账准备

2021 年		凭证编号	摘 要	借 方	贷 方	借或贷	金 额	√
月	日							
1			上年结转			贷	17 361.30	
12	31	科汇 3	1-136 号	108 000.00	100 041.86	贷	9 403.16	
	31		本月合计	108 000.00	100 041.86	贷	9 403.16	
			本年累计	108 000.00	100 041.86	贷	9 403.16	
			⋮				⋮	

(2) 明细账

明细账如表 8-8～表 8-18 所示。

表 8-8 明细账

总页 分页

会计科目 应收账款

明细科目 永康环能

2021 年		凭证编号	摘 要	借 方	贷 方	借或贷	余 额
月	日						
1			上年结转			借	21 000.00
	15	记 60	收货款及订金	46 700.00			
	30	记 93	销售产品	35 006.00		借	9 306.00
	31		本月合计	35 006.00	46 700.00	借	9 306.00
2	15	记 72	收货款及订金	31 050.00			
	28	记 100	销售产品	45 800.00		借	24 056.00
	29		本月合计	45 800.00	31 050.00	借	24 056.00
3	12	记 56	销售产品	9 000.00			
	29	记 89	收货款及订金		56 800.00	贷	23 744.00
	31		本月合计	9 000.00	56 800.00	贷	23 744.00
4	15	记 54	销售产品	18 000.00			
	30	记 92	销售产品	10 200.00		借	4 456.00
			本月合计	28 200.00		借	4 456.00
5	14	记 89	收货款及订金	45 000.00			
	29	记 121	销售产品	56 086.00			
	31		本月合计	56 086.00	45 000.00	借	15 542.00
6	13	记 49	收货款及订金		30 000.00		
	25	记 109	销售产品	20 480.00			
	30		本月合计	20 480.00	30 000.00	借	6 022.00
7	10	记 38	收货款及订金		26 000.00		
	25	记 76	销售产品	28 800.00			
	31		本月合计	28 800.00	26 000.00	借	8 822.00
8	12	记 32	收货款及订金		35 600.00		
	30	记 104	销售产品	48 000.00		借	21 222.00
	31		本月合计	48 000.00	35 600.00	借	21 222.00
9	8	记 22	收货款及订金		35 000.00		
	15	记 65	销售产品	25 000.00			

续表

2021年		凭证编号	摘要	借方	贷方	借或贷	余额
月	日						
	23	记 88	收货款及订金		30 000.00		
	29	记 116	销售产品	50 000.00		借	31 222.00
	30		本月合计	75 000.00	65 000.00	借	31 222.00
10	10	记 36	销售产品	35 600.00			
	22	记 72	收货款及订金		70 000.00		
	30	记 129	销售产品	42 802.00		借	39 624.00
	31		本月合计	78 402.00	70 000.00	借	39 624.00
11	16	记 67	收货款及订金		49 400.00		
	30	记 116	销售产品	58 073.30			
			本月合计	58 073.30		借	48 297.30
12	5	记 12	收前欠款		48 297.30		
	31		本月合计		48 297.30	平	0.00
			本年累计	482 847.30	503 847.30	平	0.00
			⋮				⋮

表 8-9 明细账

总页 分页

会计科目 应收账款

明细科目 山东铝制品

2021年		凭证编号	摘要	借方	贷方	借或贷	余额
月	日						
1			上年结转			借	39 440.70
2	10	记 89	收到前欠货款		39 440.70		
			本月合计		39 440.70	平	0
5	16	记 66	预付订金		40 000.00		
	28	记 99	销售产品	64 268.20		借	24 268.20
			本月合计	64 268.20	40 000.00	借	24 268.20
6	28	记 102	收到前欠货款		24 268.20		
			本月合计		24 268.20	平	0
8	3	记 24	预付订金		40 000.00		
	20	记 58	销售产品	64 268.20		借	24 268.20
			本月合计	64 268.20	40 000.00	借	24 268.20
10	10	记 38	收到前欠货款		24 268.20		
			本月合计		24 268.20	平	0
11	28	记 94	预收订金		40 000.00		
			本月合计		40 000.00	贷	40 000.00
12	10	记 42	销售产品	64 268.20		借	24 268.20
			本月合计	64 268.20		借	24 268.20
			本年累计	192 804.60	207 977.10	借	24 268.20
			⋮				⋮

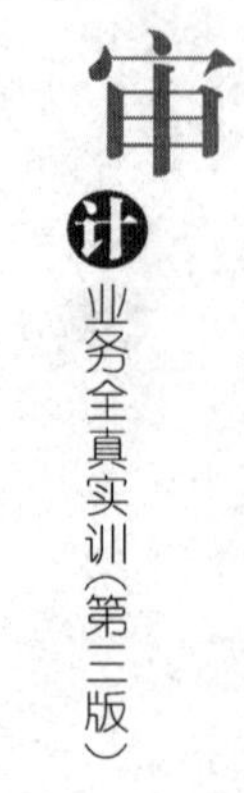

表 8-10　明细账

总页	分页

会计科目　应收账款
明细科目　广西华铝

2021 年		凭证编号	摘　要	借　方	贷　方	借或贷	余　额
月	日						
1			上年结转			借	156 846.20

备注：此款为 2022 年 2 月 26 日所欠货款，欠款原因为濮阳公司除气机质量不合格，但销售合同中未就某个关键部件质量做出明文约定，濮阳公司按行业标准制作，广西华铝不予接受。截至 2021 年 12 月 31 日，经法院裁定濮阳公司承担 20%责任，将于 2022 年执行。但广西华铝已濒临破产。

表 8-11　明细账

总页	分页

会计科目　应收账款
明细科目　南阳铝业

2021 年		凭证编号	摘　要	借　方	贷　方	借或贷	余　额
月	日						
12	25	记 102	销售除气机	140 400.00		借	140 400.00
			本月合计	140 400.00		借	140 400.00
			本年累计	140 400.00		借	140 400.00
			⋮				⋮

表 8-12　明细账

总页	分页

会计科目　应收账款
明细科目　渤海铝制品

2021 年		凭证编号	摘　要	借　方	贷　方	借或贷	余　额
月	日						
1			上年结转			借	21 340.00
	5	记 28	收到前欠货款		21 340.00		
	20	记 68	销售产品	421 200.00		借	421 200.00
			本月合计	421 200.00	21 340.00	借	421 200.00
3	10	记 36	收到前欠货款		421 200.00		
	25	记 66	销售产品	502 344.00		借	502 344.00
			本月合计	502 344.00	421 200.00	借	502 344.00
5	14	记 42	收到前欠货款		502 344.00		
	20	记 55	销售产品	421 200.00		借	421 200.00
			本月合计	421 200.00	502 344.00	借	421 200.00
7	8	记 21	收到前欠货款		421 200.00		
			本月合计		421 200.00	平	0.00
8	12	记 33	销售产品	534 678.00			
			本月合计	534 678.00		借	534 678.00
10	8	记 18	收到前欠货款		534 678.00		
	30	记 91	销售产品	421 200.00		借	421 200.00

续表

2021年 月	日	凭证编号	摘要	借方	贷方	借或贷	余额
			本月合计	421 200.00	534 678.00	借	421 200.00
12	2	记 11	收到前欠货款		421 200.00		
	26	记 102	销售产品	534 678.00		借	534 678.00
			本月合计	534 678.00	421 200.00	借	534 678.00
			本年累计	2 835 300.00	2 321 962.00	借	534 678.00
			⋮				⋮

表 8-13 明细账

总页 分页

会计科目 坏账准备

明细科目 应收账款提取的坏账准备

2021年 月	日	凭证编号	摘要	借方	贷方	借或贷	余额
1			上年结转			贷	17 136.30
12	26	记 84	结转无法收回货款	108 000.00		借	90 863.70
	31	记 129	计提		100 041.86	贷	9 178.16
	31		本月合计	108 000.00	100 041.86	贷	9 178.16
			⋮				⋮

表 8-14 存货明细账

总页 分页

规格：1280 * 2568 种类：原材料

单位：m^2 最高存量： 最低存量： 品名：N14/25.24m 板

2021年 月	日	凭证编号	摘要	借方 数量	借方 单价	借方 金额	贷方 数量	贷方 单价	贷方 金额	余额 数量	余额 单价	余额 金额
1			月初余额							24	770.50	18 492.00
	31	记 101	生产领用				12	770.30	9 243.60			
			本月合计				12	770.30	9 243.60	12	770.70	9 248.40
2	28	记 103	购入	70	771.20	53 984.00						
		记 122	生产领用				9	770.90	6 938.10			
			本月合计	70	771.20	53 984.00	9		6 938.10	73	771.15	56 294.30
3	31	记 114	生产领用				15	771.00	11 565.00			
			本月合计				15		11 565.00	58	771.19	44 729.30
4	30	记 112	生产领用				12	771.00	9 252.00			
			本月合计				12		9 252.00	46	771.25	35 477.30
5	31	记 118	生产领用				9	771.00	6 939.00			
			本月合计				9		6 939.00	37	771.35	28 538.30
6	30	记 109	生产领用				15	771.30	11 569.50			
			本月合计				15		11 569.50	22	771.31	16 968.80
7	10	记 66	购入	90	771.50	69 435.00						

续表

2021年		凭证编号	摘要	借方			贷方			余额		
月	日			数量	单价	金额	数量	单价	金额	数量	单价	金额
	31	记 115	生产领用				15	771.50	11 572.50			
			本月合计	90		69 435.00	15		11 572.50	97	771.46	74 831.30
8	31	记 110	生产领用				15	771.50	11 572.50			
			本月合计				15		11 572.50	82	771.45	63 258.80
9	30	记 112	生产领用				12	771.40	9 256.80			
			本月合计				12		9 256.80	70	771.46	54 002.00
10	31	记 108	生产领用				12	771.45	9 257.40			
			本月合计				12		9 257.40	58	771.46	44 744.60
11	30	记 107	生产领用				15	771.45	11 571.75			
			本月合计				15		11 571.75	43	771.46	33 172.85
12	31	记 108	盘亏				3	771.50	2 314.50			
	31	记 118	生产领用				15	771.50	11 572.50			
	31		本月合计				18		13 887.00	25		19 285.85
			本年累计	160		123 419.00	159		122 625.15	25		19 285.85
			⋮									⋮

表 8-15 存货明细账

总页 分页

规格：

种类：原材料

单位：个　　最高存量：　　最低存量：

品名：纸箱

2021年		凭证编号	摘要	借方			贷方			余额		
月	日			数量	单价	金额	数量	单价	金额	数量	单价	金额
1			上年结转							60	8.45	507.00
	31	记 101	生产领用				22	8.45	185.90			
			本月合计				22		185.90	38	8.45	321.10
2		记 122	生产领用				19	8.45	160.55			
			本月合计				19		160.55	19	8.45	160.55
3		记 68	购入	100	8.42	842.00						
		记 114	生产领用				21	8.43	177.03			
			本月合计	100		842.00	21		177.03	98	8.42	825.52
4		记 112	生产领用				17	8.43	143.31			
			本月合计				17		143.31	81	8.42	682.21
5		记 118	生产领用				16	8.43	134.88			
			本月合计				16		134.88	65	8.42	547.33
6		记 109	生产领用				16	8.43	134.88			
			本月合计				16		134.88	49	8.42	412.45
7		记 66	购入	50	8.44	422.00						
		记 115	生产领用				17	8.43	143.31			
			本月合计	50		422.00	17		143.31	82	8.43	691.14
8		记 110	生产领用				17	8.43	143.31			
			本月合计				17		143.31	65	8.43	547.83
9		记 112	生产领用				18	8.43	151.74			

续表

2021年		凭证编号	摘要	借方			贷方			余额		
月	日			数量	单价	金额	数量	单价	金额	数量	单价	金额
			本月合计				18		151.74	47	8.43	396.09
10		记 108	生产领用				18	8.43	151.74			
			本月合计				18		151.74	29	8.43	244.35
11		记 62	购入	70	8.40	588.00						
		记 107	生产领用				17	8.43	143.31			
			本月合计				17		143.31	82	8.41	689.04
12		记 118	生产领用				17	8.43	143.31			
			本月合计				17		143.31	65	8.40	545.73
			本年累计	220		1 852.00	215		1 813.27	65	8.40	545.73
			⋮									⋮

表 8-16 明细账

总页 分页

会计科目 固定资产

明细科目 办公设备

2021年		凭证编号	摘要	借方	贷方	借或贷	余额
月	日						
1			上年结转			借	1 124 323.00
3	12	记 28	购入会议台椅等	5 150.00			
	26	记 59	购入发电机 3 台	18 540.00			
			本月合计	23 690.00		借	1 148 013.00
5	18	记 38	购入激光打印机	17 400.00			
			本月合计	17 400.00		借	1 165 413.00
9	22	记 45	购入笔记本电脑	72 540.00			
			本月合计	72 540.00		借	1 237 953.00
12	27	记 87	购打印机等	2 393.16			
			本月合计	2 393.16		借	1 240 346.16
			本年累计	116 023.16		借	1 240 346.16
			⋮				⋮

表 8-17 明细账

总页 分页

会计科目 累计折旧

明细科目 办公设备

2021年		凭证编号	摘要	借方	贷方	借或贷	金额
月	日						
1	1		上年结转			贷	401 075.18
	31	记 98	计提		13 885.53		
2	29	记 102	计提		13 885.53		
3	31	记 104	计提		13 885.53		
4	30	记 97	计提		14 334.55		
5	31	记 112	计提		14 334.55		
6	30	记 110	计提		17 153.35		

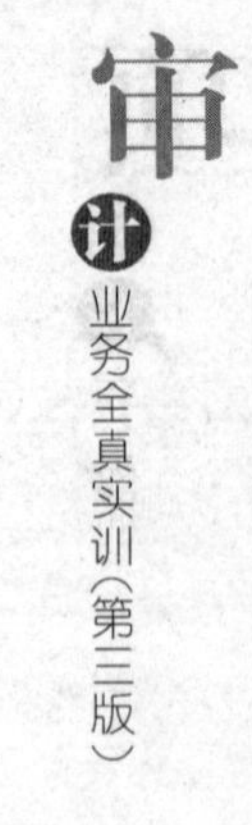

续表

2021年 月	日	凭证编号	摘要	借方	贷方	借或贷	余额
7	31	记109	计提		17 153.35		
8	31	记108	计提		17 153.35		
9	30	记112	计提		17 153.35		
10	31	记114	计提		19 568.93		
11	30	记113	计提		19 568.93		
12	31	记117	计提		19 568.93	贷	598 721.06
			本年累计		197 645.88	贷	598 721.06
			⋮				⋮

表 8-18 应付职工薪酬明细表

被审计单位：　　　　　　　　索引号：FF2
项目：应付职工薪酬明细表　　财务报表截止日/期间：
编制：　　　　　　　　　　　复核：
日期：　　　　　　　　　　　日期：

项目名称	期初数	本期增加	本期减少	期末数	备注
1. 工资		1 687 232.72	1 686 466.34	766.38	
2. 奖金					
3. 津贴					
4. 补贴					
5. 职工福利	75 170.06	252 920.98	311 986.84	188 104.20	
6. 社会保险费					
（1）医疗保险费		131 132.54	131 132.54		
（2）养老保险费		327 831.34	327 831.34		
（3）失业保险费		32 783.13	32 783.13		
（4）工伤保险费		16 391.57	16 391.57		
（5）生育保险费		27 865.64	27 865.64		
7. 住房公积金					
8. 工会经费		32 783.13	32 783.13		
9. 职工教育经费		24 587.35	24 587.35		
10. 非货币性福利					
11. 辞退福利					
12. 以现金结算的股份支付					
⋮					
合计	75 170.06	2 533 528.40	2 591 827.88	88 870.58	
审计说明：					

15. 被审计单位 2021 年会计凭证样本资料

会计凭证样本资料如表 8-19～表 8-48 所示。

表 8-19　记账凭证

2021 年 03 月 12 日　　　　记字第　28　号

摘要	会计科目		借方金额										贷方金额										记账
	总账科目	明细账科目	千	百	十	万	千	百	十	元	角	分	千	百	十	万	千	百	十	元	角	分	√
购买会议台椅一套（含屏风）	固定资产	办公设备					5	1	5	0	0	0											
	应交税费	应交增值税(进项税额)						6	6	9	5	0											
	银行存款																5	8	1	9	5	0	
附件 4 张	合　计					¥	5	8	1	9	5	0				¥	5	8	1	9	5	0	

会计主管：马玉环　　记账：李思然　　出纳：　　审核：丁冉　　制证：张春

表 8-20　费用报销单

填报日期：2021 年 03 月 12 日

部门	采购部	姓名	余果
报销事由	购买会议台椅、屏风一套		
报销单据 3 张	合计金额(大写)伍仟捌佰壹拾玖元伍角整　¥ 5 819.50		
单位主管	康金生	部门主管	方士宇

会计主管：马玉环　　审核：　　出纳：张春英　　填报人：余果

表 8-21　中国工商银行河南分行　进账单(回单)　1

2021 年 03 月 10 日　　　　第　号

汇款人	全称	濮阳高温材料股份有限公司	收款人	全称	广州风尚公司濮阳专卖店									
	账号	00300198120801		账号	235621986320									
	开户银行	工商银行濮阳县支行高新分理处		开户银行	中行濮阳办事处									
金额	人民币				千	百	十	万	千	百	十	元	角	分
	(大写)伍仟捌佰壹拾玖元伍角整							¥	5	8	1	9	5	0
票据种类	转账支票													
票据张数	1 张													
单位主管： 复核：		会计： 记账：			出票开户银行盖章									

工商银行濮阳县支行高新分理处　2021.03.10　转讫　(01)

表 8-22　支票存根

中国工商银行转账支票存根

支票号码：00812237

科　　目：

对方科目：

出票日期：2021.03.10

收款人：广州风尚公司濮阳专卖店
金　额：¥5 819.50
用　途：货款
备　注：

单位主管：　　会计：

复核：　　记账：

表 8-23　河南增值税专用发票

河南
国家税务局监制

发　票　联

4100213130　　　　No. 02083022
开票日期:2021.03.10

购买方	名　　　称:濮阳高温材料股份有限公司 纳税人识别号:45000010057 7JK2202 地 址 、电 话:濮阳县高新开发区 0393-88667766 开户行及账号:交行濮阳县支行高新分理处 00300198120801			密码区	(略)		
货物或应税劳务、服务名称	规格型号	单位	数量	单　价	金　额	税率	税　额
会议台椅、屏风		套	1	5 150.00	5 150.00	13%	669.50
合　计					¥5 150.00		¥669.50
价税合计(大写)	⊗伍仟捌佰壹拾玖元伍角整				(小写)　¥5 819.50		
销售方	名　　　称:广州风尚家居公司濮阳专卖店 纳税人识别号:91410312334645622X 地 址 、电 话:濮阳县高新开发区 0393-87756213 开户行及账号:中行濮阳办事处 235621986320			备注	广州风尚家居公司濮阳专卖店 91410312334645622X 发票专用章		

第二联:发票联　购买方记账凭证

收款人:　　　　复核:　　　　开票人:李广璨　　　　销售方:(章)

注:经进一步审查,会议台椅和屏风实为 5 位部门经理更换办公桌椅。

表 8-24　记账凭证

2021 年 03 月 26 日　　　　记字第　59　号

摘　要	会计科目		借方金额										贷方金额										记账√
	总账科目	明细账科目	千	百	十	万	千	百	十	元	角	分	千	百	十	万	千	百	十	元	角	分	
购买 3 台发动机	固定资产	办公设备				1	8	5	4	0	0	0											
	应交税费	应交增值税(进项税额)					2	4	1	0	2	0											
	银行存款	工行														2	0	9	5	0	2	0	
附件　4　张	合　计				¥	2	0	9	5	0	2	0			¥	2	0	9	5	0	2	0	

会计主管:马玉环　　记账:李思然　　出纳:　　审核:丁冉　　制证:张春

表 8-25　费用报销单

填报日期:2021 年 03 月 26 日

部　门	采购部	姓名	余果
报销事由	购买发电机 3 台		
报销单据 3 张　合计金额(大写)贰万零玖佰伍拾元贰角整　　¥ 20 950.20			
单位主管	康金生	部门主管	方士宇

会计主管:马玉环　　审核:　　出纳:张春英　　填报人:余果

表 8-26 中国工商银行河南分行 进账单(回单) 1

2021 年 03 月 24 日 第 号

汇款人	全称	濮阳高温材料股份有限公司	收款人	全称	濮阳环宇机电公司
	账号	00300198120801		账号	235863206219
	开户银行	工商银行濮阳县支行高新分理处		开户银行	中行濮阳办事处

金额	人民币(大写)贰万零玖佰伍拾元贰角整	千	百	十	万	千	百	十	元	角	分
				¥	2	0	9	5	0	2	0

票据种类	转账支票
票据张数	1 张

单位主管: 会计:
复核: 记账:

工商银行濮阳县支行高新分理处 2021.03.24 转讫 (01)

出票开户银行盖章

表 8-27 支票存根

中国工商银行转账支票存根

支票号码:00812237
科　　目:
对方科目:
出票日期:2021.03.24

收款人:濮阳环宇机电公司
金　额:¥20 950.20
用　途:货款
备　注:

单位主管: 会计:
复核: 记账:

表 8-28 河南增值税专用发票

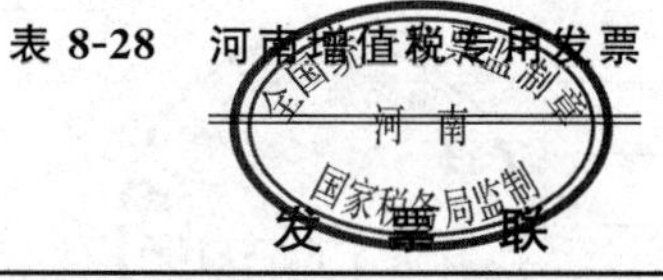

发 票 联

4100213130　　No. 02082544　　开票日期:2021.03.10

购买方	名　　称:濮阳高温材料股份有限公司 纳税人识别号:450000100577JK2202 地 址 、电 话:濮阳县高新开发区 0393-88667766 开户行及账号:交行濮阳县支行高新分理处 00300198120801	密码区	(略)				
货物或应税劳务、服务名称	规格型号	单位	数量	单价	金额	税率	税额
电动机		台	3	6 180.00	18 540.00	13%	2 410.20
合计					¥18 540.00		¥2 410.20
价税合计(大写)	⊗贰万零玖佰伍拾元贰角整				(小写) ¥20 950.20		
销售方	名　　称:濮阳环宇机电公司 纳税人识别号:91410346312345626X 地 址 、电 话:濮阳县高新开发区 0393-87627513 开户行及账号:中行濮阳办事处 235863206219	备注	濮阳环宇机电公司 91410346312345626X 发票专用章				

第二联:发票联 购买方记账凭证

收款人: 复核: 开票人:金建军 销售方:(章)

注:电动机为车间设备备件,尚未领用。

表 8-29　记账凭证

2021 年 05 月 18 日　　　　记字第　38　号

摘　要	会计科目		借方金额										贷方金额										记账√
	总账科目	明细账科目	千	百	十	万	千	百	十	元	角	分	千	百	十	万	千	百	十	元	角	分	
购佳能激光打印机10台	固定资产					1	7	4	0	0	0	0											
并投入使用	应交税费	应交增值税(进项税额)					2	2	6	2	0	0											
	银行存款															1	9	6	6	2	0	0	
附件 5 张	合　计				¥	1	9	6	6	2	0	0			¥	1	9	6	6	2	0	0	

会计主管：马玉环　　记账：李思然　　出纳：　　审核：丁冉　　制证：张春

表 8-30　费用报销单

填报日期：2021 年 05 月 18 日

部门	采购部	姓名	余果
报销事由	购买激光打印机 10 台		
报销单据 3 张	合计金额(大写)壹万玖仟陆佰陆拾贰元整　¥19 662.00		
单位主管	辛福林	部门主管	方士宇

会计主管：马玉环　　审核：　　出纳：张春英　　填报人：余果

表 8-31　中国工商银行河南分行　进账单(回单)　1

2021 年 05 月 16 日　　　　第　号

汇款人	全　称	濮阳高温材料股份有限公司	收款人	全　称	濮阳深蓝电脑公司
	账　号	00300198120801		账　号	235863219062
	开户银行	工商银行濮阳县支行高新分理处		开户银行	中国银行濮阳办事处

金额	人民币(大写)壹万玖仟陆佰陆拾贰元整	千	百	十	万	千	百	十	元	角	分
				¥	1	9	6	6	2	0	0

票据种类	转账支票
票据张数	1 张

单位主管：　　会计：
复核：　　记账：

工商银行濮阳县支行高新分理处
2021.05.16
转讫
(01)

出票开户银行盖章

表 8-32　支票存根

中国工商银行转账支票存根

支票号码：00812237

科　　目：

对方科目：

出票日期：2021.05.16

收款人：濮阳深蓝电脑公司

金　额：¥19 662.00

用　途：货款

备　注：

单位主管：　　会计：

复核：　　记账：

表 8-33 河南增值税专用发票

4100213130 **发 票 联** No. 02081563

开票日期：2021. 05. 15

购买方	名　　称：濮阳高温材料股份有限公司 纳税人识别号：450000100577JK2202 地 址、电 话：濮阳县高新开发区 0393-88667766 开户行及账号：交行濮阳县支行高新分理处 00300198120801					密码区	（略）	
货物或应税劳务、服务名称	规格型号	单位	数量	单　价	金　额	税　率	税　额	
佳能激光打印机		台	10	1 740.00	17 400.00	13%	2 262.00	
合　计					￥17 400.00		￥2 262.00	
价税合计（大写）	⊗壹万玖仟陆佰陆拾贰元整				（小写） ￥19 662.00			
销售方	名　　称：濮阳深蓝电脑公司 纳税人识别号：91410362463123454X 地 址、电 话：濮阳县高新开发区 0393-81376275 开户行及账号：中行濮阳办事处 235863219062					备注	濮阳深蓝电脑公司 91410362463123454X 发票专用章	

收款人：　　复核：　　开票人：张云阳　　销售方：（章）

第二联：发票联　购买方记账凭证

表 8-34 濮阳高温材料股份有限公司设备验收单

2021 年 05 月 15 日　　No. 20100508

设备名称	佳能激光打印机	规格型号	LBP7010C	单位	台	数量	10
购置日期	2021 年 5 月 15 日	出厂日期	2021. 4. 20	单价/元		1 740.00	
使用年限	5 年	残值率	5%	出厂编号			
产　地	越南	出产厂家	佳能	使用方向		管理部门办公	
备注							

主管：方士宇　　采购：余果　　验收：曲波　　保管：孟宇翔

第二联 会计记账

表 8-35 记账凭证

2021 年 09 月 22 日　　记字第　45　号

摘　要	会计科目		借方金额										贷方金额										记账
	总账科目	明细账科目	千	百	十	万	千	百	十	元	角	分	千	百	十	万	千	百	十	元	角	分	√
购惠普笔记本电脑 10 台	固定资产	办公设备				7	2	5	4	0	0	0											
	应交税费	应交增值税（进项税额）					9	4	3	0	2	0											
	银行存款	工行														8	1	9	7	0	2	0	
附件 5 张	合　　计				￥	8	1	9	7	0	2	0			￥	8	1	9	7	0	2	0	

会计主管：马玉环　　记账：李思然　　出纳：　　审核：丁冉　　制证：张春

表 8-36　费用报销单

填报日期:2021 年 09 月 22 日

部门	采购部	姓名	余果
报销事由	购买笔记本电脑 10 台		
报销单据 3 张　合计金额(大写)捌万壹仟玖佰柒拾元贰角整		¥ 81 970.20	
单位主管	辛福林	部门主管	方士宇

会计主管:马玉环　　审核:　　出纳:张春英　　填报人:余果

表 8-37　中国工商银行河南分行　进账单(回单)　1

2021 年 09 月 18 日　　第　号

汇款人	全　称	濮阳高温材料股份有限公司	收款人	全　称	濮阳深蓝电脑公司
	账　号	00300198120801		账　号	235863219062
	开户银行	工商银行濮阳县支行高新分理处		开户银行	中国银行濮阳办事处

金额	千	百	十	万	千	百	十	元	角	分
人民币 (大写)捌万壹仟玖佰柒拾元贰角整			¥	8	1	9	7	0	2	0

票据种类	转账支票	工商银行濮阳县支行高新分理处 2019.09.18 转讫 (01) 出票开户银行盖章
票据张数	1 张	
单位主管:　　会计: 复核:　　记账:		

表 8-38　支票存根

中国工商银行转账支票存根

支票号码:00812237

科　　目:

对方科目:

出票日期:2021.09.18

收款人:濮阳深蓝电脑公司
金　额:¥81 970.20
用　途:货款
备　注:

单位主管:　　会计:

复核:　　记账:

表 8-39　河南增值税专用发票

发票联

4100213130　　　　No. 02083022
开票日期：2021.09.18

购买方	名称：濮阳高温材料股份有限公司 纳税人识别号：450000100577JK2202 地址、电话：濮阳县高新开发区 0393-88667766 开户行及账号：交行濮阳县支行高新分理处 00300198120801					密码区	（略）
货物或应税劳务、服务名称	规格型号	单位	数量	单价	金额	税率	税额
惠普笔记本电脑	GM950PA	台	10	7 254.00	72 540.00	13%	9 430.20
合计					¥72 540.00		¥9 430.20
价税合计（大写）	⊗捌万壹仟玖佰柒拾元贰角整				（小写）¥81 970.20		
销售方	名称：濮阳深蓝电脑公司 纳税人识别号：91410362463123454X 地址、电话：濮阳县高新开发区 0393-81376275 开户行及账号：中行濮阳办事处 235863219062					备注	濮阳深蓝电脑公司 91410362463123454X 发票专用章

收款人：　　复核：　　开票人：张云阳　　销售方：（章）

第二联：发票联　购买方记账凭证

表 8-40　濮阳高温材料股份有限公司设备验收单

2021 年 09 月 18 日　　　　No. 20100902

设备名称	惠普笔记本电脑	规格型号	GM950PA	单位	台	数量	10
购置日期	2021 年 9 月 18 日	出厂日期	2021.8.20	单价/元	7 254.00		
使用年限	5 年	残值率	5%	出厂编号			
产地	江苏	出产厂家	惠普（中国）	使用方向	管理部门办公		
备注							

主管：方士宇　　采购：余果　　验收：曲波　　保管：孟宇翔

第二联　会计记账

表 8-41　记账凭证

2021 年 12 月 27 日　　　　记字第 87 号

摘要	会计科目		借方金额										贷方金额										记账
	总账科目	明细账科目	千	百	十	万	千	百	十	元	角	分	千	百	十	万	千	百	十	元	角	分	√
购买打印机等	固定资产	办公设备					2	3	9	3	1	6											
	应交税费	应交增值税（进项税额）						3	1	1	1	1											
	银行存款																2	7	0	4	2	7	
附件 7 张	合计					¥	2	7	0	4	2	7				¥	2	7	0	4	2	7	

会计主管：马玉环　　记账：李思然　　出纳：　　审核：丁冉　　制证：张春

表 8-42　费用报销单

填报日期：2021 年 12 月 27 日

部门	市场部	姓名	王家成
报销事由	购买打印机，移动硬盘和硬盘盒		
报销单据 6 张	合计金额（大写）贰仟柒佰零肆元贰角柒分		¥2 704.27
单位主管	辛福林	部门主管	方士宇

会计主管：马玉环　　审核：　　出纳：张春英　　填报人：王家成

表 8-43　中国工商银行河南分行　进账单(回单)　1

2021 年 12 月 25 日　　　　第　号

汇款人	全　称	濮阳高温材料股份有限公司	收款人	全　称	河南海蓝科技有限公司
	账　号	00300198120801		账　号	235621986320
	开户银行	工商银行濮阳县支行高新分理处		开户银行	中国银行濮阳办事处
金额	人民币 (大写)贰仟柒佰零肆元贰角柒分			千百十万千百十元角分	¥ 2 7 0 4 2 7
票据种类	转账支票				
票据张数	1 张				
单位主管： 复核：	会计： 记账：		工商银行濮阳县支行高新分理处 2021.12.25 转　讫 (01)	出票开户银行盖章	

此联为出票行给出票人的回单

表 8-44　支票存根

中国工商银行转账支票存根
支票号码：00812237
科　　目：
对方科目：
出票日期：2021. 12. 25
收款人：河南海蓝科技有限公司
金　额：¥2 704. 27
用　途：货款
备　注：
单位主管：　　会计：
复核：　　记账：

表 8-45　濮阳高温材料股份有限公司设备验收单

2021 年 09 月 26 日　　　　No. 20100508

设备名称	惠普打印机	规格型号	L1012	单位	台	数量	1
购置日期	2021 年 9 月 25 日	出厂日期	2021. 6. 12	单价/元		1 538. 46	
使用年限	5 年	残值率	5%	出厂编号			
产地	广东	出产厂家	惠普(中国)	使用方向		管理部门办公	
备注							

第二联　会计记账

主管：方士宇　　采购：余果　　验收：曲波　　保管：孟宇翔

表 8-46　河南增值税专用发票

河南

国家税务局监制

No. 02081223

4100213130　　　　**发　票　联**　　　　开票日期:2021.12.24

购买方	名　　称:濮阳高温材料股份有限公司 纳税人识别号:450000100577JK2202 地 址 、电 话:濮阳县高新开发区 0393-88667766 开户行及账号:交行濮阳县支行高新分理处 00300198120801				密码区	(略)		
货物或应税劳务、服务名称	规格型号	单位	数量	单　价	金　额	税率	税额	
惠普打印机	L1012 型	台	1	1 538.46	15 38.46	13%	200.00	
合　计					¥1 538.46		¥200.00	
价税合计(大写)	⊗壹仟柒佰叁拾捌元肆角陆分					(小写) ¥1 738.46		
销售方	名　　称:河南海蓝科技有限公司 纳税人识别号:91410312334645626X 地 址 、电 话:濮阳县高新开发区 0393-87756213 开户行及账号:中国银行濮阳办事处 235621986320				备注	河南海蓝科技有限公司 91410312334645626X 发票专用章		

收款人:　　　复核:　　　开票人:黄岳泰　　　销售方:(章)

第二联:发票联　购买方记账凭证

表 8-47　濮阳高温材料股份有限公司设备验收单

2021 年 9 月 26 日　　　　No. 20100508

设备名称	惠普移动硬盘	规格型号	40G	单位	个	数量	1
购置日期	2021 年 9 月 25 日	出厂日期	2021.7.21	单价/元		854.70	
使用年限	5 年	残值率	5%	出厂编号			
产地	广东	出产厂家	惠普(中国)	使用方向		管理部门办公	
备注							

主管:方士宇　　　采购:余果　　　验收:曲波　　　保管:孟宇翔

第二联　会计记账

表 8-48　河南增值税专用发票

No. 02081224

4100213130　　　　**发　票　联**　　　　开票日期:2021.12.24

购买方	名　　称:濮阳高温材料股份有限公司 纳税人识别号:450000100577JK2202 地 址 、电 话:濮阳县高新开发区 0393-88667766 开户行及账号:交行濮阳县支行高新分理处 00300198120801				密码区	(略)		
货物或应税劳务、服务名称	规格型号	单位	数量	单价	金额	税率	税额	
移动硬盘	40G	个	1	683.76	683.76	13%	88.89	
移动硬盘盒		个	1	170.94	170.94	13%	22.22	
合　计					¥854.70		¥111.11	
价税合计(大写)	⊗玖佰陆拾伍元捌角壹分				(小写) ¥965.81			
销售方	名　　称:河南海蓝科技有限公司 纳税人识别号:91410312334645626X 地 址 、电 话:濮阳县高新开发区 0393-87756213 开户行及账号:中国银行濮阳办事处 235621986320				备注	河南海蓝科技有限公司 91410312334645626X 发票专用章		

收款人:　　　复核:　　　开票人:黄岳泰　　　销售方:(章)

第二联:发票联　购买方记账凭证

六、实训方式

（1）接受审计委托、库存现金盘点采用情景角色模拟实训方式。

（2）实质性程序、结束审计工作和撰写审计报告采用小组分工手工实训方式（小组成员 4～5 人一组为宜）。

七、实训工具

审计工作底稿“存货计价测试表”“应付职工薪酬计提情况检查表”电子稿或纸质稿，如表 8-49 和表 8-50所示。

表 8-49　存货计价测试表

被审计单位：________　　索引号：Z17

项目：存货计价测试　　财务报表截止日/期间：________

编制：________　　复核：________

日期：________　　日期：________

品名及规格：________

月份	增　加			减少（计价方法：____）			结　存		
	数量	单价	金额	数量	单价	金额	数量	单价	金额
期初数									
1 月									
2 月									
3 月									
4 月									
5 月									
6 月									
7 月									
8 月									
9 月									
10 月									
11 月									
12 月									
合计									
审计说明：									

注：本表适用于原材料、库存商品、发出商品等。

表 8-50　应付职工薪酬计提情况检查表

被审计单位：＿＿＿＿＿＿　索引号：FF3
项目：应付职工薪酬计提情况检查表　财务报表截止日/期间：＿＿＿＿＿＿
编制：＿＿＿＿＿＿　复核：＿＿＿＿＿＿
日期：＿＿＿＿＿＿　日期：＿＿＿＿＿＿

项 目 名 称	已计提金额	应计提基数	计提比率	应计提金额	应提与已提的差异	备注
1. 工资						
2. 奖金						
3. 津贴						
4. 补贴						
5. 职工福利						
6. 社会保险费						
（1）医疗保险费						
（2）养老保险费						
（3）失业保险费						
（4）工伤保险费						
（5）生育保险费						
7. 住房公积金						
8. 工会经费						
9. 职工教育经费						
10. 非货币性福利						
11. 辞退福利						
12. 以现金结算的股份支付						
合　计						
审计说明：						

八、实训拓展

（1）如果南阳公司为一家虚拟公司，公司仅为虚增收入而为，并拒绝进行审计调整，注册会计师应该发表何种审计意见，审计报告应该如何撰写？

（2）如果南阳公司实际存在，但是其所购货物于 2022 年 1 月 25 日全部退回，且其订货量占濮阳公司一季度销量的 1/3，注册会计师应该发表何种审计意见，审计报告应该如何撰写？

参 考 文 献

[1] 俞校明.审计实务[M].4 版.北京:清华大学出版社,2021.
[2] 李华.审计实务[M].2 版．北京:中国人民大学出版社,2020.
[3] 李晓慧.审计学:实务与案例[M]. 4 版.北京:中国人民大学出版社,2017.
[4] 梁红霞.审计实务[M]. 北京:清华大学出版社,2010.
[5] 中国注册会计师协会. 中国注册会计师执业准则应用指南 2020[M].上海:立信会计出版社,2020.
[6] 中华人民共和国财政部制定.中国注册会计师执业准则 2020[M].上海:立信会计出版社,2020.
[7] 中国注册会计师协会．审计[M]. 北京:中国财政经济出版社,2021.
[8]《审计专业技术资格考试复习指南》编写组．审计理论与实务[M]. 北京:中国时代经济出版社,2021.
[9] 田金玉,许树景.审计实训教程[M].上海:立信会计出版社,2015.